Practical Korean Language for Foreign Students

유학생을 위한 대학 한국어 초급

임진숙 · 한선경 · 민혜경 · 이훈석

박영사

머리말

이 교재는 유학생이 성공적인 대학 생활을 할 수 있도록 대학 수업과 생활에 필요한 내용으로 기획되었다. 2급 수준에 준하는 한국어 능력을 갖춘 유학생이 이 교재를 통해 학문적이고 전문적인 학업 수행과 일상적인 학교생활 내용을 동시에 학습할 수 있게 구성하였다.

첫째, 대학에서 학문적 내용의 학업 이수와 일상적 내용의 대학 생활이 가능하도록 단원의 주제를 균형적으로 선정하였다. 대학에 입학하여 학기를 시작하는 유학생을 위해 기본적인 수업 준비와 예절부터 수강 신청, 과제 작성과 제출, 교수 상담, 보고서 작성과 발표, 시험과 성적 확인까지 한 학기 대학 수업에 필요한 주제를 선정하여 학기마다 필수적으로 요구되는 학업 수행이 차질없이 진행되도록 하였다. 그리고 대학 생활에 필요한 동아리 활동, 여가 생활, 학교 프로그램 소개, 학교 시설 이용, 고민 상담, 학교 축제의 주제를 통해 일상적 학교 상황에서 원활한 의사소통이 가능하도록 하였다.

둘째, 언어 기능을 통합한 교재로 어휘, 문법, 듣기, 읽기, 말하기, 쓰기가 유기적으로 연계되도록 구성하였다. 생각해 보기와 어휘 및 표현을 통해 그 과의 주제와 학습 목표를 명확하게 이해하고 듣고 말하기와 문법(3개)을 필수적으로 제시하여 명시적 한국어 학습이 가능하도록 하였다. 활동 1과 활동 2에서 대학 학업 이수와 대학 생활에서 마주할 수 있는 다양한 상황을 연출하여 읽기, 쓰기, 말하기의 언어 기능이 절충적으로 연계될 수 있도록 하여 학습자의 실천적 지식 영역을 확장하였다.

셋째, 확인 학습과 더하기를 배치하여 능동적이고 자기주도적인 학습이 가능하도록 구성하였다. 다양한 활동 부분이 충분한 사용으로 확장된 주제와 연계되어 앞서 제시된 어휘 및 표현을 재확인할 수 있도록 확인 학습을 마련하였다. 그리고 각 단원 마지막에 '이색학과, 스마트 캠퍼스, 교통 이용, 유학생 아르바이트, 과제 작성 시 유용한 사이트, 새로운 교수법, 성격 유형 검사, 발표 자료 작성 시 유용한 앱' 등의 내용으로 더하기를 구성하였다. 유학생들은 주제의 실제성이 드러나는 더하기를 통해 한국 대학의 상황맥락을 이해하여 능동적이고 자기주도적인 학습자로 성장할 수 있다.

단원 구성

『유학생을 위한 대학 한국어 초급』은 수업 준비하기를 포함하여 총 12과로 구성되었다. 각 단원은 '도입 → 생각해 보기 → 어휘 및 표현 → 듣고 말하기 → 문법1, 문법2, 문법3 → 활동1, 활동2 → 확인 학습 → 더하기'로 구성되어 있다. 부록으로 색인 및 모범 답안이 수록되어 있다.

◎ **도입**
단원의 주제와 관련된 그림과
학습 목표를 제시하였다.

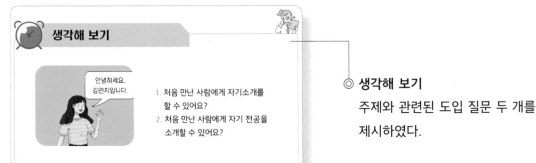

◎ **생각해 보기**
주제와 관련된 도입 질문 두 개를
제시하였다.

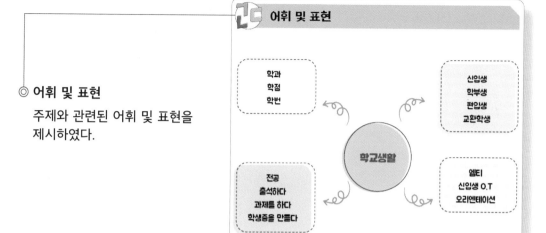

어휘 및 표현

◎ **어휘 및 표현**

주제와 관련된 어휘 및 표현을
제시하였다.

학과
학점
학번

신입생
학부생
편입생
교환학생

학교생활

전공
출석하다
과제를 하다
학생증을 만들다

엠티
신입생 O.T
오리엔테이션

듣고 말하기

◎ **듣고 말하기**

주제와 관련된 대화를 통해 학습할
내용을 미리 파악할 수 있도록 하였고,
듣기 음원을 제공하여 학습자들의
이해를 돕고자 하였다.

페루즈: 안녕하세요. 저는 페루즈라고 합니다. 신입생이에요.
디아나: 반가워요. 페루즈 씨. 저는 디아나라고 해요.
　　　　페루즈 씨는 전공이 뭐예요?
페루즈: 저는 글로벌비즈니스예요. 졸업하고 한국 회사에 취직하고 싶어요.
　　　　디아나 씨는요?
디아나: 저는 한국어 선생님이 되려고 한국어 교육을 공부해요.
페루즈: 와, 멋져요. 그런데 디아나 씨는 한국에 언제 왔어요?
디아나: 한국에 온 지는 2년이 됐어요. 그리고 대학에는 올해 입학했어요.
페루즈: 저도 이번에 입학했어요. 우리 친하게 지내요.

1. 페루즈의 전공은 무엇입니까?
2. 디아나는 왜 한국어 교육을 공부합니까?
----
3. 여러분의 전공은 무엇입니까? 왜 그것을 공부합니까?

 전공하다　　한국 회사　　취직하다　　친하게 지내다

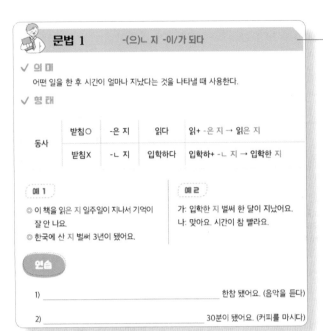

문법 1   -(으)ㄴ 지 -이/가 되다

✓ 의미
어떤 일을 한 후 시간이 얼마나 지났다는 것을 나타낼 때 사용한다.

✓ 형태

동사	받침○	-은 지	읽다	읽+ -은 지 → 읽은 지
	받침X	-ㄴ 지	입학하다	입학하+ -ㄴ 지 → 입학한 지

예 1
◎ 이 책을 읽은 지 일주일이 지나서 기억이 잘 안 나요.
◎ 한국에 산 지 벌써 3년이 됐어요.

예 2
가: 입학한 지 벌써 한 달이 지났어요.
나: 맞아요. 시간이 참 빨라요.

연습

1) _____ 한참 됐어요. (음악을 듣다)

2) _____ 30분이 됐어요. (커피를 마시다)

◎ 문법
주제와 관련된 문법의 의미와 형태를 제시하고 연습 문제를 통해 학습자가 문법을 이해하고 익힐 수 있도록 하였다.

활동1

■ 다음을 읽고 물음에 답하십시오.

다음은 과제를 할 때 지켜야 할 것들입니다. 우선, 주제를 정하고 과제에 필요한 정보를 검색해야 합니다. 다음으로 믿을 수 있는 자료를 참고하세요. 이때 인터넷 자료를 사용해도 되지만 과제에 그대로 쓰면 안 됩니다. 또 과제를 한 다음에는 맞춤법이 맞는지 확인해야 합니다. 또 과제에 다른 사람의 글을 인용할 때는 출처를 밝혀야 합니다. 과제 제출은 교수님께 물어서 온라인이나 교수님께 직접 제출합니다. 마지막으로 과제에 자신의 이름과 학번을 확인하고 제출 기한에 맞춰 제출합니다.

활동 2

다음은 조별 과제에 대해 조사한 결과입니다. 여러분은 조별 과제에 대해 어떻게 생각합니까?

조별과제, 어떻게 생각해?	
필요한 경험이야. 1428명	67.8%
없어졌으면 좋겠어. 614명	29.1%

◎ 활동
주제와 관련된 내용을 읽기, 쓰기를 포함한 다양한 유형으로 제시하였다.

확인 학습

1 알맞은 것을 골라 연결하십시오.

1) 직접 얼굴을 보고 수업해요.   •   • 가) 학점

2) 전공과목 중에 꼭 들어야 하는 과목이에요.   •   • 나) 교양선택

3) 교양 과목 중에서 선택해서 들을 수 있어요.   •   • 다) 전공필수

4) 수강 신청한 과목의 수업계획이 설명되어 있어요.   •   • 라) 대면 수업

5) 대학에서 학생이 들어야 하는 수업의 양을 계산한 것이에요.   •   • 마) 수업계획서

◎ 확인 학습

주제와 관련된 어휘 및 표현을
연습 문제로 제시하였다.

더하기

■ 이색학과 소개

동물을 사랑하는 사람은 모이세요!
반려동물학과는 반려동물을 사랑하고 동물과 함께
일하는 것을 좋아하는 사람들에게 적합한 학과이다.
졸업 후 동물병원, 동물미용실, 동물호텔, 동물보호센터,
동물복지단체 등에서 동물을 돌보고 관리하는 업무를 한다.

◎ 더하기

주제와 관련된 한국 문화 및 활동에서
다루지 못했던 내용을 키워드 중심으로
간단하고 가볍게 다루었다.

단원 / 주제		듣고 말하기	문법 1, 2, 3
	수업 준비하기	수업 준비 및 수업 예절	
1과	소개	자기 소개와 전공 소개에 대해 듣고 말하기	• -(으)ㄴ 지 • -고 싶다 • -(으)려고
2과	강의 수강	수강 신청 방법에 대해 듣고 말하기	• -아/어/해야 되다/하다 • -(으)면 되다/안 되다 • -(으)ㄹ 수 있다/없다
3과	나의 하루	일과에 대해 듣고 말하기	• -고 • -(으)면 • -(으)ㄹ 거예요
4과	여가 생활	동아리 활동에 대해 듣고 말하기	• -(으)러 가다/오다 • -아/어/해 보다 • -아/어/해 본 적이 있다/없다
5과	과제 작성	과제 제출에 대해 듣고 말하기	• -느라고 • -(으)려면 • -아/어/해도 되다
6과	대학 생활	교수와 학생의 상담 예약에 대해 듣고 말하기	• -(으)시- • 특수 높임 1 • 특수 높임 2

활동1,2	확인 학습	더하기
· 자기 소개 · 전공 소개	자기소개 어휘, 전공 소개 어휘	이색학과 소개
· 강의 시간표 작성 방법 · LMS 사용 방법	강의 수강 어휘	스마트 캠퍼스
· 여가 시간 활용 · 학교 시설 이용	일과 어휘	교통 이용
· 이색동아리 소개 · 동아리 개설 · 아르바이트 경험	여가 생활 어휘	유학생 아르바이트
· 과제 작성 방법 · 조별 과제 잘하는 방법	과제 어휘	과제 작성 시 유용한 사이트
· 공인 결석계 제출 방법 · 대학교 프로그램 소개 · 동아리 가입신청서 작성	대학 생활 어휘	높임말 실수

단원 / 주제	듣고 말하기	문법 1,2,3
7과 학교 시설	도서관 스터디룸 대여 방법에 대해 듣고 말하기	• -고 나서 • -(으)ㄹ 줄 알다/모르다 • -아/어/해 주다
8과 학습 방법	대학 수업과 공부 방법에 대해 듣고 말하기	• -기 전에 / -(으)ㄴ 후에 • -고 있다 • -다가
9과 기분과 감정	가족과 고향에 대한 그리움에 대해 듣고 말하기	• -(으)ㄴ/는/(으)ㄹ 것 같다 • -았/었/했으면 좋겠다 • -아/어/해지다
10과 축제	축제 프로그램에 대해 듣고 말하기	• -아/어/해서 • -겠- • -(으)려고 하다
11과 발표	미래 계획에 대해 듣고 말하기	• -에 대해 발표하겠습니다 • 먼저, 다음으로, 마지막으로 • 이상으로 발표를 마치겠습니다
12과 시험과 성적	기말고사 일정에 대해 듣고 말하기	• -다가 보니까 • -아/어/해야겠다 • -도록 하다

활동1,2	확인 학습	더하기
• 기숙사 규칙 • 자취와 기숙사 생활	학교 시설 어휘	도서관 이용
• 대학생활 상담 • 개인 공부 방법	학습 방법 어휘	새로운 교수법
• 나의 첫 발표 • 문제 해결 방법	기분과 감정 어휘	성격 유형 검사
• 지역 문화 축제 • 학교 축제 소개	축제 어휘	세계 이색 축제
• 발표문 개요 작성 • 발표하기	그래프 종류	발표 자료 만들 때 유용한 도구
• 성적평가 방법 • 메일 보내는 방법	시험과 성적 어휘	성적 확인 방법

수업 준비하기

생각해 보기

1. 수업을 시작하기 전에 무엇을 준비해야 해요?
2. 수업 시간에 어떻게 해야 해요?

수업 시간에 지켜야 할 것

수업 시간을 지키세요.

교수님의 이야기를 잘 들으세요.

교수님께 반갑게 인사하세요.

과제는 정해진 날짜에 제출하세요.

수업 시간에는 큰 소리로 이야기하지 마세요.

강의실에 갈 때

페루즈: 우리 강의실이 어디예요?
디아나: 우리 강의실은 302호예요.
페루즈: 302호는 어디에 있어요?
디아나: 3층에 가서 오른쪽으로 가세요.

수업이 시작할 때

데이브: 교수님, 안녕하세요.
교수님: 안녕하세요.
유 미: 교수님, 수업에 늦어서 죄송합니다.
교수님: 다음에는 수업에 지각하지 마세요.

질문이 있을 때

설 리: 교수님, 과제가 뭐예요? 잘 모르겠어요.
교수님: 강의계획서와 공지 사항을 읽으세요.
설 리: 어디에서 읽을 수 있어요?
교수님: e-class의 강의 페이지에 있어요.
　　　　공지 사항은 꼭 확인하는 것이 좋아요.

수업이 끝날 때

교수님: 오늘의 수업은 여기까지입니다.
　　　　수고했습니다.
학생들: 감사합니다, 교수님.
　　　　안녕히 계세요.

수업 준비 1

수업을 듣기 전에 여러분은 어떤 준비를 합니까? 확인하고 써 보십시오.

☐ 펜과 공책을 가지고 있어요.

☐ 과제를 어떻게 하는지 알아요.

☐ 수업과 교수님의 이름을 알아요.

☐ 강의실이 어디에 있는지 알아요.

☐ 수업 계획서를 읽는 것이 좋아요.

☐ 강의에서 쓰는 교재를 가지고 있어요.

☐ _____

☐ _____

☐ _____

☐ _____

수업에서 무엇을 해야 합니까? 무엇을 하면 안 됩니까?
아래의 빈칸에 써 보십시오.

수업에서 해야 하는 것	수업에서 하면 안 되는 것
수업 시간을 지키세요.	수업에 결석하지 마세요.
교수님의 이야기를 잘 들으세요.	수업 중에 이야기하지 마세요.
_____	_____
_____	_____
_____	_____

수업 준비 2

✓ 숫자 읽기

1	2	3	4	5	6	7	8	9	0
일	이	삼	사	오	육	칠	팔	구	영/공
10	20	30	40	50	60	70	80	90	
십	이십	삼십	사십	오십	육십	칠십	팔십	구십	
100	1,000	10,000							
백	천	만							

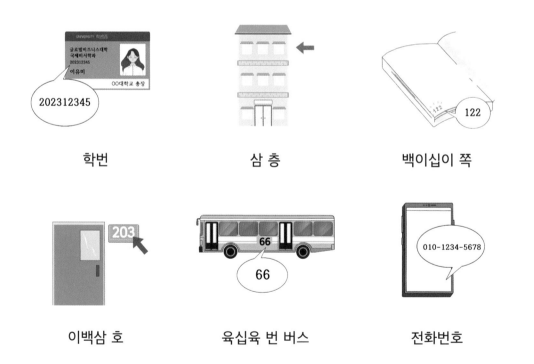

202312345		122
학번	삼 층	백이십이 쪽

203	66	010-1234-5678
이백삼 호	육십육 번 버스	전화번호

★ 여러분의 학번을 말해 보세요.

★ 지금 여러분이 있는 강의실은 몇 층입니까? 몇 호입니까?

1과

소개

학습목표

- 처음 만난 사람에게 자기를 소개할 수 있다.
- 다른 사람에게 자기의 전공을 소개할 수 있다.

생각해 보기

안녕하세요.
김민지입니다.

1. 처음 만난 사람에게 자기소개를 할 수 있어요?
2. 처음 만난 사람에게 자기 전공을 소개할 수 있어요?

 ## 어휘 및 표현

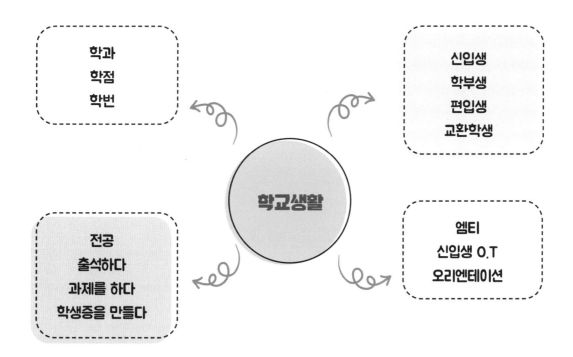

학과
학점
학번

신입생
학부생
편입생
교환학생

학교생활

전공
출석하다
과제를 하다
학생증을 만들다

엠티
신입생 O.T
오리엔테이션

페루즈: 안녕하세요. 저는 페루즈라고 합니다. 신입생이에요.

디아나: 반가워요. 페루즈 씨. 저는 디아나라고 해요.

　　　　페루즈 씨는 전공이 뭐예요?

페루즈: 저는 글로벌비즈니스예요. 졸업하고 한국 회사에 취직하고 싶어요.

　　　　디아나 씨는요?

디아나: 저는 한국어 선생님이 되려고 한국어 교육을 공부해요.

페루즈: 와, 멋져요. 그런데 디아나 씨는 한국에 언제 왔어요?

디아나: 한국에 온 지는 2년이 됐어요. 그리고 대학에는 올해 입학했어요.

페루즈: 저도 이번에 입학했어요. 우리 친하게 지내요.

1. 페루즈의 전공은 무엇입니까?
2. 디아나는 왜 한국어 교육을 공부합니까?
- -
3. 여러분의 전공은 무엇입니까? 왜 그것을 공부합니까?

　　전공하다　　한국 회사　　취직하다　　친하게 지내다

문법 1   -(으)ㄴ 지

✓ 의미

어떤 일을 한 후 시간이 얼마나 지났다는 것을 나타낼 때 사용한다.

✓ 형태

동사	받침○	-은 지	읽다	읽+ -은 지 → 읽은 지
	받침X	-ㄴ 지	입학하다	입학하+ -ㄴ 지 → 입학한 지

예 1

◎ 이 책을 읽은 지 일주일이 지나서 기억이
　　잘 안 나요.
◎ 한국에 산 지 벌써 3년이 됐어요.

예 2

가: 입학한 지 벌써 한 달이 지났어요.
나: 맞아요. 시간이 참 빨라요.

연습

1) _____ 한참 됐어요. (음악을 듣다)

2) _____ 30분이 됐어요. (커피를 마시다)

3) _____ 5시간이 됐어요. (자리에 앉다)

4) _____ 한 달이 됐어요. (고향 음식을 먹다)

5) _____ 한 시간이 지났어요. (영화가 시작하다)

6) _____ 10분밖에 안 됐어요. (수지 씨를 만나다)

 기억이 나다 　　　 시간이 빠르다

문법 2   -고 싶다

✓ 의미
하기 원하거나 바라는 것을 나타낼 때 사용한다.

✓ 형태

동사	받침O/X	-고 싶다	만들다	만들+ -고 싶다 → 만들고 싶다
			가입하다	가입하+ -고 싶다 → 가입하고 싶다

예 1

◎ 학생증을 만들고 싶어요.
◎ 다문화 동아리에 가입하고 싶어요.

예 2

가: 다음 학기에 무슨 수업을 들을 거예요?
나: 저는 한국어 발음 연습을 듣고 싶어요.

다문화 동아리   한국어 발음 연습   선배들과 친해지다   경험하다   영어 회화

영어를 배우다 새로운 친구를 사귀다 교환 학생을 가다

선배들과 친하다 기말시험을 잘 보다 한국 문화를 경험하다

---

1) 방학 동안 _____.

2) 엠티를 가서 _____.

3) 외국 대학에 1년 동안 _____.

4) 신입생 환영회에서 가서 _____.

5) 영어 회화 동아리에 들어가서 _____.

6) 중간시험을 못 봤어요. 이번 _____.

TIP! - 고 싶어 하다

: 말하는 사람이나 듣는 사람이 아닌
다른 사람이 주어가 될 때 사용한다.

• 나는 커피를 마시고 싶어 해요. (X)
• **유미는** 커피를 마시고 싶어 해요. (O)
• **페루즈는** 한국에 살고 싶어 해요. (O)

문법 3   - (으)려고

✓ 의미
의도나 목적을 나타날 때 사용한다.

✓ 형태

동사	받침○	-으려고	찾다	찾 + -으려고 → 찾으려고
	받침X	-려고	빌리다	빌리 + -려고 → 빌리려고

예 1

◎ 자료를 찾으려고 인터넷을 보고 있어요.
◎ 책을 빌리려고 도서관에 가요.

예 2

가: 요즘 어떻게 지내요?
나: 방학 동안 어학 연수를 가려고 준비하고 있어요.

교수님을 만나다   전공 수업을 듣다

한국어 통역사가 되다   교수님 말을 잊지 않다

1) 가: 왜 한국어를 전공해요?

    나: 졸업하고 _____ 한국어를 공부하고 있어요.

2) 가: 교수님 연구실 앞에서 뭐하고 있어요?

    나: _____ 기다리고 있어요.

3) 가: 왜 메모를 해요?

    나: _____ 모든 과목마다 메모를 하고 있어요.

4) 가: 수산토 씨, 지금 어디에 가요?

    나: _____ A동으로 가는 중이에요.

 메모하다

활동1

1 학생증을 보고 맞지 <u>않는</u> 것을 고르십시오.

① 한국대학교에 다닙니다.

② 전공은 글로벌비즈니스입니다.

③ 이 사람의 이름은 이유미입니다.

④ 이 사람은 2023년에 입학했습니다.

2 다음을 읽고 맞는 것을 고르십시오.

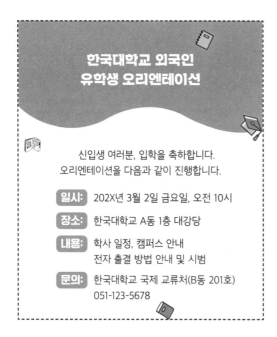

① 행사 장소는 B동에 있습니다.

② 전자 출결 방법을 안내합니다.

③ A동 국제 교류처에 문의합니다.

④ 3월 10일 10시에 행사를 합니다.

활동 2

 여러분의 학교에는 다양한 전공이 있습니다. 여러분의 전공에 대해
잘 알고 있습니까? 여러분의 전공을 다른 사람에게 소개해 보십시오.

예) 저는 글로벌 한국학부에서 공부하고 있습니다. 2학년 때 전공을 결정하는데 저는
    한국어 교육을 전공하려고 합니다.

_____

_____

_____

_____

_____

여러분은 이번 학기에 무엇을 하고 싶습니까?
여러분이 이번 학기에 하고 싶은 일을 써 보십시오.

☐ 방학에 한국의 여러 곳을 여행하려고 합니다.
☐ 한국어능력시험을 보려고 합니다.
☐ _____

☐ _____

☐ _____

☐ _____

☐ _____

확인 학습

1 알맞은 것을 골라 문장을 완성하십시오.

1) 저는 2학년이지만 (학점, 학번)은 20이에요.

2) 페루즈는 아직 졸업을 안 한 (학부생, 졸업생)이에요/예요.

3) 마이클은 올해 우리 학교 3학년에 입학한 (졸업생, 편입생)이에요.

4) 저와 유미 씨는 지난번 학과 (전공, 엠티)에 다녀온 다음에 친해졌어요.

5) 이번 과목들은 (과제, 출석)이/가 너무 많아서 일찍 잠을 잘 수가 없어요.

2 알맞은 것을 골라 문장을 완성하십시오.

전공	신입생	학생증
신입생 O.T	교환학생	

1) 페루즈는 올해 대학에 입학한 _____이에요/예요.

2) 유미 씨는 미국에 있는 자매 학교에 _____으로/로 가요.

3) _____에서 학교나 학업 과정의 정보를 알 수 있어요.

4) 수산토는 아직 _____이/가 없어서 도서관에서 책을 빌리지 못했어요.

5) 제 _____은/는 호텔경영입니다. 호텔리어가 되려고 공부하고 있습니다.

더하기

■ 이색학과 소개

동물을 사랑하는 사람은 모이세요!
반려동물학과는 반려동물을 사랑하고 동물과 함께
일하는 것을 좋아하는 사람들에게 적합한 학과이다.
졸업 후 동물병원, 동물미용실, 동물호텔, 동물보호센터,
동물복지단체 등에서 동물을 돌보고 관리하는 업무를 한다.

나는 케이뷰티 전문가!
K-뷰티비즈니스학과, 뷰티비즈니스학과에서는 헤어,
피부미용, 특수분장 및 메이크업, 네일 아티스트 등
다양한 직무 분야에서 뷰티 전문가로 활동하거나
뷰티 비즈니스를 창업하고 운영할 수 있다.

1인 미디어 시대!
크리에이터전공은 유튜브 등 플랫폼을 통해 창의적인
콘텐츠를 제작하는 1인 크리에이터로 성장할 수 있도록
실무 위주의 교육과정을 배우는 전공이다.

강의 수강

학습목표

🎈 수강 신청 방법에 대해 듣고 말할 수 있다.

🎈 수강 신청 방법을 익혀 시간표를 작성할 수 있다.

생각해 보기

202X 1학기 수강신청 안내

1. 수강 신청은 언제까지 어디에서 할 수 있어요?
2. 학습 관리 시스템(LMS)을 사용할 수 있어요?

어휘 및 표현

재수강하다
수강 정정하다
수강 신청을 하다

대면 수업
비대면 수업
온라인 수업
오프라인 수업

강의 수강

전공선택
전공필수
교양필수
교양선택

수업계획서

학습 관리
시스템(LMS)   출석

중간시험   기말시험

듣고 말하기

데이브: 디아나 씨는 수강 신청할 때 무엇을 가장 먼저 해요?

디아나: 저는 수강 신청할 때 수업계획서를 잘 읽어봐요.

데이브: 그래요? 전 지금까지 안 읽었어요. 그걸 왜 읽어야 해요?

디아나: 수업계획서에서 한 학기 동안의 수업 내용과 수업 방법을 볼 수
있어요. 또 과제와 시험도 알 수 있어요.

데이브: 아, 그래요? 수업계획서를 보고 수강 과목을 결정하면 돼요?

디아나: 네, 수강 신청할 때 도움이 많이 돼요.

1. 디아나는 왜 수업계획서를 먼저 봅니까?

2. 수업계획서에서는 무엇을 알 수 있습니까?

- -

3. 여러분은 이번 학기 수강 신청할 때 수업계획서를 먼저 확인했습니까?

문법 1   -아/어/해야 되다/하다

✓ 의미

어떤 일이나 상황에 대한 의무나 필요성을 나타낼 때 사용한다.

✓ 형태

동사	ㅏ, ㅗ (○)	-아야 되다/하다	알다	알+-아야 되다/하다 → 알아야 되다/하다
	ㅏ, ㅗ (×)	-어야 되다/하다	읽다	읽+-어야 되다/하다 → 읽어야 되다/하다
	하다	해야 되다/하다	제출하다	제출하+-여야 되다 → 제출해야 되다/하다

예 1

◎ 수업계획서는 자세히 읽어야 합니다.
◎ 학습관리시스템(LMS) 사용법을
　 알아야 합니다.

예 2

가: 과제는 어떻게 제출해요?
나: 과제는 e-class에 제출해야 합니다.

연습

1) 지난 학기 전공과목 성적이 안 좋아서 _____. (재수강하다)

2) 학생이 많아서 _____. (강의실을 옮기다)

3) 이번 학기에 두 과목은 _____. (교양 과목을 듣다)

4) 언제까지 _____ ? (수강 신청을 하다)

5) 오늘은 반드시 _____. (발표 준비를 끝내다)

6) 보고서는_____. (글자 크기를 10pt로 맞추다)

　 발표　　　글자 크기

문법 2   -(으)면 되다/안 되다

✓ 의미
어떤 동작이나 상태를 만족시키는 조건을 나타낼 때 사용한다.

✓ 형태

동사	받침○	-으면 되다/안 되다	찾다	찾+-으면 되다/안 되다 → 찾으면 되다/ 안 되다
	받침X	-면 되다/안 되다	신청하다	신청하+-면 되다/안 되다 → 신청하면 되다/ 안 되다

예 1

◎ 학교 도서관에서 자료를 찾으면 돼요.
◎ 학점을 초과해서 신청하면 안 돼요.

예 2

가: 수업계획서는 어디에서 보면 돼요?
나: 학교 홈페이지에서 보면 돼요.

연습

1) 가: 출석은 어떻게 해야 돼요?

　　나: _____. (전자 출석 앱을 사용하다)

2) 가: 수강 신청은 언제까지 해야 돼요?

　　나: _____. (수강 신청 기간에 하다)

3) 가: 수강 신청한 과목이 너무 어려워요.

　　나: _____. (수강 신청을 정정하다)

4) 가: 교양과목을 이번 학기에 꼭 들어야 해요?

　　나: 네, _____. (다음 학기에 듣다)

문법 3 　　　-(으)ㄹ 수 있다/없다

✓ 의미

어떤 일의 능력이나 가능성을 나타낼 때 사용한다.

✓ 형태

동사	받침○	-을 수 있다/없다	읽다	읽+-을 수 있다/없다 → 읽을 수 있다/없다
	받침X	-ㄹ 수 있다/없다	배우다	배우+-ㄹ 수 있다/없다 → 배울 수 있다/없다

예 1

◎ 출석은 전자출결로 할 수 있어요.
◎ 외국어 교양 과목은 이번 학기에
　 들을 수 없어요.

예 2

가: 그 수업은 어떻게 수강할 수 있어요?
나: 1시간은 동영상으로 예습하고 2시간은
　 강의실에서 들을 수 있어요.

연습

<보기>
◎ 수강 신청: 2월 15일~2월 19일
◎ 수강 변경: 3월 2일~3월 6일
◎ 수강 취소: 3월 20일 ~3월 24일

1) 2월 15일부터 2월 19일까지 _____.

2) 3월 2일부터 _____.

3) 3월 24일까지 등록한 과목을 _____.

4) 3월 25일에는 _____.

활동1

■ 다음을 읽고 물음에 답하십시오.

신입생 여러분, 강의 시간표를 어떻게 하면 잘 짤 수 있을까요? 다음은 선배들이 알려주는 강의 시간표 작성 꿀팁입니다. 우선, 졸업에 필요한 학점을 확인해야 합니다. 졸업에 필요한 학점이 정해져 있습니다. 다음으로 오전 11시~오후 3시 사이에 공강이 없이 시간표를 짜면 안 됩니다. 점심을 먹을 수가 없어서 수업에 집중할 수 없습니다. 과제 시간, 시험공부 시간, 쉬는 시간, 동아리 활동 시간이 필요합니다. 그래서 수업 중간에 쉬는 시간이 필요합니다. 자신에게 맞는 시간표로 즐거운 학교생활 하세요.

1 다음을 읽고 맞으면 O, 틀리면 X 하십시오.

1) 일주일 시간표는 공강이 없이 만듭니다. (   )
   그래서 수업 중간에 쉬는 시간이 필요합니다.

2) 졸업에 필요한 학점이 있습니다. (   )

3) 오전 11시~오후 3시까지는 연강으로 시간표를 짭니다. (   )

시간표를 짜다   꿀팁   작성하다   공강   계산하다   수업에 집중하다   연강

2 다음을 보고 맞지 <u>않는</u> 것을 고르십시오.

수업 계획서				
교과목명	글쓰기		담당교수	김사람
강의요일/교시	월요일 1~2, 수요일 4		**강의실**	A동 504호
개설 구분	교양	기초교양		
	일반선택	교양		
수업 목표	올바른 글쓰기의 방법을 배운다.			
평가방법(%)	중간시험	기말시험	출석	과제	토론
	30	30	10	20	10

① 출석 점수는 10%입니다.

② 수업 시간은 1시~4시까지입니다.

③ A동 504호에서 수업을 듣습니다.

④ 월요일과 수요일에 수업이 있습니다.

활동 2

 여러분은 다음 학기에 어떤 과목을 공부하고 싶습니까?
그 이유를 쓰고 말해 보십시오.

> 저는 다음 학기에 <발표와 토론>이라는 과목을 수강하려고 합니다. 아직 신입생이라서 한국어로 발표하는 방법을 잘 모릅니다. 그래서 이번 학기에 이 과목을 수강하려고 합니다.
>
> _____
>
> _____
>
> _____
>
> _____
>
> _____

 여러분만의 수강 신청 꿀팁이 있습니까?
여러분이 알고 있는 방법을 써 보십시오.

· 수강 신청할 과목을 미리 확인해야 합니다.
· 수강 과목을 빠르게 클릭해야 합니다.
· 수강 신청 1시간 전부터 준비해야 합니다.
· _____
· _____
· _____
· _____

 클릭하다

확인 학습

1 알맞은 것을 골라 연결하십시오.

1) 직접 얼굴을 보고 수업해요.   •   • 가) 학점

2) 전공과목 중에 꼭 들어야 하는 과목이에요.   •   • 나) 교양선택

3) 교양 과목 중에서 선택해서 들을 수 있어요.   •   • 다) 전공필수

4) 수강 신청한 과목의 수업계획이 설명되어 있어요.   •   • 라) 대면 수업

5) 대학에서 학생이 들어야 하는 수업의 양을 계산한 것이에요.   •   • 마) 수업계획서

2 알맞은 것을 골라 문장을 완성하십시오.

> 필수과목   전자출결   온라인 수업
>
> 수강정정 기간   학습 관리 시스템(LMS)

1) _____은/는 온라인으로 학생들의 학업, 성적, 출석 등을 관리해 줍니다.

2) _____시스템을 이용해서 정해진 시간 안에 해야 출석 처리가 됩니다.

3) 보강은 다음 주 화요일에 오프라인이 아닌 _____(으)로 할 예정입니다.

4) 한국어 발음 교육은 한국어를 전공하려면 반드시 수강해야 하는 _____입니다.

5) 수강 신청한 과목을 다른 과목으로 바꾸고 싶을 때는 _____에 해야 합니다.

더하기

■ 스마트 캠퍼스

스마트폰과 같은 모바일 기기를 통하여 시간과 장소에 상관없이 온라인으로 강의를 듣거나 과제 제출 등을 할 수 있다.

요즘은 수업에서 교수님이 학생들의 이름을 직접 부르지 않고 전자출석 앱을 사용하여 학생들이 정해진 시간 안에 출석 체크를 한다.

나의 하루

학습목표

- 학기 중 자신의 하루 일과를 소개할 수 있다.
- 학교 안에서 시간을 보내는 방법을 말할 수 있다.

생각해 보기

1. 오늘 하루 뭐 할 거예요?
2. 수업이 없을 때 학교에서 뭐 해요?

어휘 및 표현

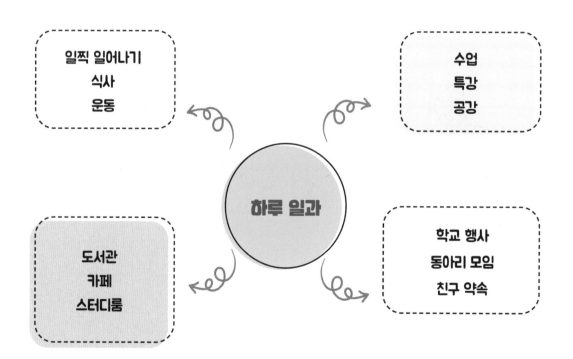

일찍 일어나기
식사
운동

수업
특강
공강

하루 일과

도서관
카페
스터디룸

학교 행사
동아리 모임
친구 약속

듣고 말하기

유미: 설리 씨, 오늘 수업이 어떻게 돼요?

설리: 오전에 전공 수업이 있고 오후에는 공강이에요.

유미: 그럼 공강 때는 뭐 해요?

설리: 보통 도서관 카페에 가요.

　　　오늘은 친구하고 소극장에 영화 보러 갈 거예요.

유미: 저도 오후에 공강인데 같이 가도 돼요?

설리: 네, 같이 가요. 그럼 우리 학교식당에서 밥을 빨리 먹고 소극장에 가요.

1. 설리 씨는 오늘 오전에 수업이 있습니까?

2. 설리 씨와 유미 씨는 오후에 무엇을 합니까?

----

3. 여러분은 공강 때 무엇을 합니까?

문법 1   -고

✓ 의미

① 두 가지 이상의 대등한 사실을 나열할 때 사용한다.

② 일이 시간 순서에 따라서 차례대로 일어나는 것을 나타낼 때 사용한다.

✓ 형태

동사/ 형용사	받침○/X	-고	먹다	먹+-고 → 먹고
			좋다	좋+-고 → 좋고
			가다	가+-고 → 가고
			예쁘다	예쁘+-고 → 예쁘고

예 1

◎ 전공 수업이 어렵고 힘들어요.

◎ 월요일에는 말하기 수업을 하고 금요일에는 문법 수업을 해요.

예 2

가: 유이 씨, 동아리 모임 끝나고 회식하러 갈 거지요?

나: 아니요, 내일 과제가 있어서 못 가요. 미안해요.

 회식하다   원룸   등록금을 내다

1) 도서관 _____ 예뻐요. (카페가 멋있다)

2) 새 원룸은 _____ 화장실이 깨끗해요. (방이 크다)

3) 아침에는 기숙사 식당에서 _____ 저녁에는 밖에서 사 먹어요. (밥을 먹다)

4) 쓰기 수업 _____ 듣기 수업 강의실은 5층이에요. (강의실은 3층이다)

1) 기숙사에 와서 _____ 문법 숙제를 했어요. (샤워하다)

2) A동 _____ 5층에 내리세요. (엘리베이터를 타다)

3) 저는 _____ 부모님과 여행을 갔어요. (유학 준비를 마치다)

4) 지금 _____ 등록금은 다음 주에 내면 돼요. (한국어 수업을 신청하다)

문법 2   -(으)면

✓ 의미
① 불확실하거나 아직 이루어지지 않은 사실의 가정을 나타낼 때 사용한다.
② 뒤 사실이 실현되기 위한 단순한 근거를 나타내거나 습관적이고 반복적인 조건을
    나타낸다.

✓ 형태

동사/ 형용사	받침○	먹다	-으면	먹+-으면 → 먹으면
		좋다		좋+-으면 → 좋으면
	받침X	오다	-면	오+-면 → 오면
		바쁘다		바쁘+-면 → 바쁘면

예 1

◎ 오후에 비가 오면 기숙사에 빨리 가세요.
◎ 날씨가 좋으면 빨래를 할 거예요.

예 2

가: 디아나 씨는 강의가 없으면 어디에 있어요?
나: 강의가 없으면 도서관에서 책을 읽어요.

빨래를 하다   학생회장   메시지를 보내다

1) 가: 배가 아파요. 약이 있어요?

　　나: 네, 이 _____ 배가 안 아플 거예요. (약을 먹다)

2) 가: 수산토 씨, 저는 3급반이 어려워요.

　　나: 그래요? 3급반이 _____ 4급반으로 가세요. (어렵다)

1) 가: 수산토 씨는 아침 시간에 뭐 해요?

　　나: 저는 _____ 매일 스포츠 센터에 가서 운동을 해요. (아침에 일어나다)

2) 가: 학과에 일이 있을 때 우리가 어떻게 알아요?

　　나: 학과에 _____ 학생회장이 메시지를 보내줄 거예요. (모임이 있다)

문법 3   -(으)ㄹ 거예요

✓ 의미

① 미래에 할 일이나 추측한 것을 나열할 때 사용한다.
② 자신의 계획 또는 의지를 나타낼 때 사용한다.

✓ 형태

동사	받침○	받다	-을 거예요	받+-을 거예요 → 받을 거예요
	받침X	자다	-ㄹ 거예요	자+-ㄹ 거예요→ 잘 거예요

예 1

◎ 이번 학기에는 장학금을 꼭 받을 거예요.
◎ 데이브는 아마 기숙사에서 잘 거예요.

예 2

가: 유미 씨, 학교에서 미나 씨를 봤어요?
나: 네, 아마 지금 스터디룸에서 친구들하고 공부하고 있을 거예요.
가: 유미 씨는 같이 공부 안 해요?
나: 오늘은 약속이 있어요. 내일부터 같이 공부할 거예요.

환영회   24시간 열다   밤샘 공부를 하다

신청 기간이다   말씀을 잘 듣다   환영회를 준비하다

밤샘 공부하다   늦게 시작하다   버스를 타고 가다

1) 오늘 김 교수님 오후 수업은 30분 _____.

2) 국제교류센터에서 외국인 유학생 _____.

3) 다음 주까지 토픽시험 _____. 다시 체크해 보세요.

1) 수업 시간에 핸드폰을 안 보고 교수님 _____.

2) 도서관을 24시간 여니까 친구하고 _____.

3) 지금 시간이 많으니까 _____.

활동1

■ 다음을 읽고 물음에 답하십시오.

나는 여가시간에 친구들과 함께 SNS를 많이 해요. 학교에서 쉬는 시간이나 기숙사에서 유튜브로 좋아하는 동영상을 봐요. 시간이 있으면 짧은 동영상을 찍어서 올려요. 지난 주에는 지하철역에서 학교까지 가는 방법을 영상으로 찍어서 유튜브에 올렸어요. 학교 셔틀 버스 타는 곳, 시간 안내, 마을버스 타기를 소개했어요. 외국인 친구들이 '좋아요'를 많이 눌러서 기분이 좋았어요.

1 다음을 읽고 맞으면 O, 틀리면 X 하십시오.

1) 나는 마을버스와 셔틀버스를 소개했어요. (   )

2) 시간이 있으면 나는 SNS를 하고 동영상을 봐요. (   )

3) 외국인 친구들이 내가 만든 동영상을 좋아했어요. (   )

2 지난주에 나는 무엇을 했습니까?

① 기숙사에서 유튜브를 봤어요.

② 지하철역에서 학교까지 셔틀버스를 탔어요.

③ 외국인 친구와 학교 안내 동영상을 찍었어요.

④ 학교에 가는 방법을 동영상으로 찍어서 올렸어요.

    SNS를 하다   유튜브   동영상을 올리다   마을버스 타기   누르다

활동2

여러분은 공강일 때 어디에서 무엇을 합니까? 학교 시설 중에서 가장 좋아하는 시설은 무엇인지 말해 보십시오. 그리고 거기에서 무엇을 하면 좋은지 이야기해 보십시오.

내가 좋아하는 학교 시설은?	시설 이름	무엇을 합니까?
	서점	K-POP 아이돌 잡지를 봐요.

* 학교 시설: 예) 강의실, 도서관, 카페, 편의점, 스포츠 센터, 탄템실, 체육관, 보건소, 휴게실, 컴퓨터실, 스터디룸 등.

여러분의 학교 안에 만들고 싶은 시설에 대해서 써 보십시오.

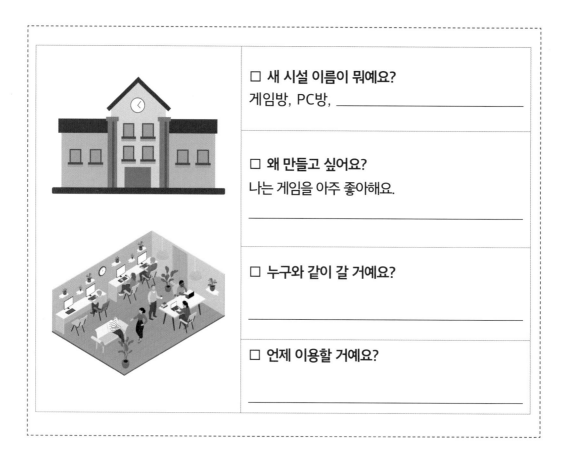

□ 새 시설 이름이 뭐예요?
게임방, PC방, _____

□ 왜 만들고 싶어요?
나는 게임을 아주 좋아해요.
_____

□ 누구와 같이 갈 거예요?
_____

□ 언제 이용할 거예요?
_____

확인 학습

1 알맞은 것을 골라 연결하십시오.

1) 한두 번 특별한 주제로 하는 강의   •   • 가) 공강

2) 밤에 잠을 자지 않고 공부해요.   •   • 나) 특강

3) 정해진 시간에 짧은 거리를 다니는 버스   •   • 다) 장학금

4) 앞 강의와 뒤 강의 사이에 수업이 없어요.   •   • 라) 셔틀버스

5) 경제적으로 어렵거나 공부를 잘하는 학생에게 주는 돈 •   • 마) 밤샘 공부

2 알맞은 것을 골라 문장을 완성하십시오.

1) 박 교수님의 (휴강/강의)은/는 어렵지만 재미있어요.

2) 저 학생이 1등 (장학금/등록금)을 받고 입학했어요.

3) 목요일 오후에는 (공강/과제)이/가 있어서 쉴 수 있어요.

4) 8시 30분에 학교 밖 기숙사 앞에도 (고속버스/셔틀버스)가 와요.

5) 어제 최 교수님 수업 시간에 경찰관이 와서 (엠티/특강)을/를 했는데 정말 재미있었어요.

경제적으로 어렵다   버스가 다니다   특별하다

더하기

■ 교통 이용

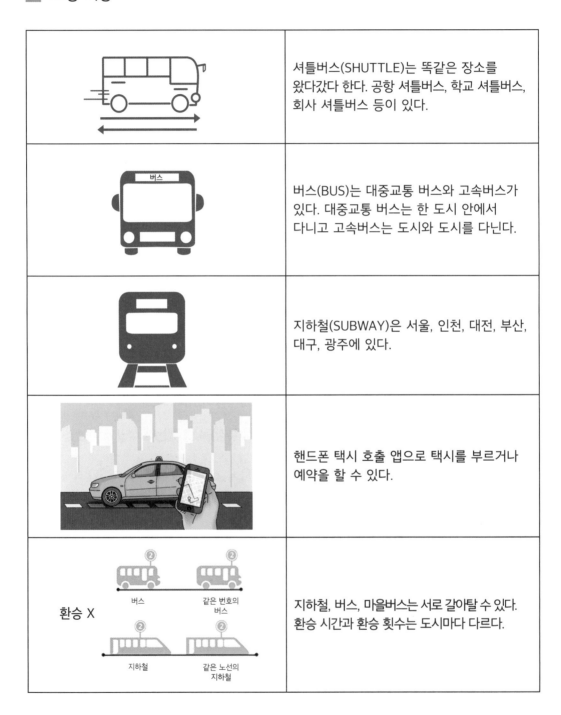	셔틀버스(SHUTTLE)는 똑같은 장소를 왔다갔다 한다. 공항 셔틀버스, 학교 셔틀버스, 회사 셔틀버스 등이 있다.
	버스(BUS)는 대중교통 버스와 고속버스가 있다. 대중교통 버스는 한 도시 안에서 다니고 고속버스는 도시와 도시를 다닌다.
	지하철(SUBWAY)은 서울, 인천, 대전, 부산, 대구, 광주에 있다.
	핸드폰 택시 호출 앱으로 택시를 부르거나 예약을 할 수 있다.
환승 X	지하철, 버스, 마을버스는 서로 갈아탈 수 있다. 환승 시간과 환승 횟수는 도시마다 다르다.

4과

여가 생활

학습목표

- 학교 동아리에 대해 듣고 말할 수 있다.
- 아르바이트 경험을 말할 수 있다.

생각해 보기

1. 동아리 활동을 한 경험이 있어요?
2. 아르바이트를 한 경험이 있어요?

어휘 및 표현

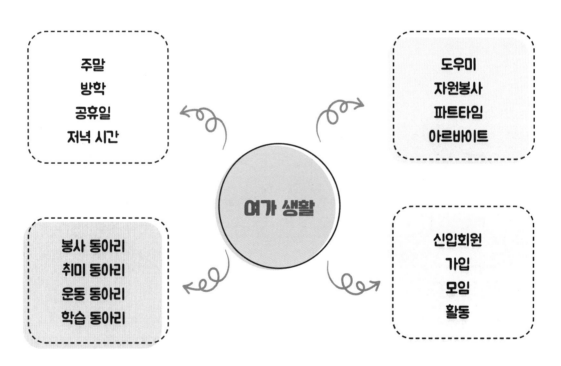

주말
방학
공휴일
저녁 시간

도우미
자원봉사
파트타임
아르바이트

여가 생활

봉사 동아리
취미 동아리
운동 동아리
학습 동아리

신입회원
가입
모임
활동

듣고 말하기

디아나: 페루즈 씨, 시간 있으면 우리 커피 한잔하러 갈래요?

페루즈: 미안해요. 동아리 모임이 있어서 지금 동아리방에 가야 돼요.

디아나: 그래요? 외국 학생도 학과 동아리에 가입할 수 있어요?
　　　　저는 동아리에 가입해 본 적이 없어요.

페루즈: 가입할 수 있어요. 우리 동아리는 한국인과 외국인이 같이 하는
　　　　글로벌언어문화 동아리예요.

디아나: 와, 이름이 멋져요. 뭐 하는 동아리예요?

페루즈: 한국 학생하고 외국 학생이 언어를 교환하는 동아리예요.
　　　　서로 언어와 문화를 가르쳐 줘요.

디아나: 재미있겠어요. 저도 들어갈 수 있어요?

페루즈: 네, 들어오세요. 학과 학생이면 누구나 동아리에 가입할 수 있고
　　　　동아리도 만들 수 있어요.

1. 학과 동아리의 회원은 누구입니까?

2. 동아리 친구들은 동아리에서 무엇을 합니까?

----

3. 여러분도 글로벌언어문화 동아리에 가입하고 싶습니까?

　　가입하다　　　언어를 교환하다　　　누구나

문법 1　　-(으)러 가다/오다

✓ 의미
가거나 오거나 하는 동작의 목적을 나타낼 때 사용한다.

✓ 형태

동사	받침○	-으러 가다/오다	읽다	읽+-으러 가다 → 읽으러 가다/오다
	받침X	-러 가다/오다	사다	사+-러 가다/오다 → 사러 가다/오다

예 1

◎ 도서관에 책을 읽으러 갈 거예요.
◎ 학과 사무실에 학과 티셔츠를 사러 갔어요.

예 2

가: 디아나 씨, 수강 신청하러 오셨어요?
나: 아니요, 저는 수강 변경하러 왔어요.

연습

> 교수님을 만나다　　　돈을 찾다　　　비자를 받다　　　한라산을 등산하다

1) 가: 이번 여름 방학에 뭐 할 거예요?

　　나: 여행 동아리에서 _____ 제주도에 갈 거예요.

2) 가: 페루즈 씨는 왜 학교에 안 왔어요?

　　나: 오전에 출입국관리사무소에 _____ 갔어요.

3) 가: 디아나 씨, 말하기 교재를 사러 서점에 같이 갈래요?

　　나: 먼저 가세요. 저는 ATM에 _____ 가야 해요.

4) 가: 설리 씨, 오늘 교수님과 상담해요?

　　나: 네, 수업이 끝나고 _____ 연구실에 갈 거예요.

문법 2   -아/어/해 보다

✓ **의미**

경험한 것을 나타낼 때 사용한다.

✓ **형태**

동사	ㅏ,ㅗ(O)	-아 보다	가다	가+-아 보다 → 가 보다
	ㅏ,ㅗ(X)	-어 보다	입다	입+-어 보다 → 입어 보다
	하다	해 보다	가입하다	가입하+-여 보다 → 가입해 보다

예 1

◎ 한국 친구와 학생 식당에 가 봤어요.
◎ 1학년 때 동아리에 처음 가입해 봤어요.

예 2

가: 유미 씨, 한국 음식을 잘 만드네요. 정말 맛있어요.
나: 정말요? 유튜브를 보고 만들어 봤어요.

연습

1) 봉사 동아리에서 자원봉사자와 함께 <u>김치를 담가 봤어요</u>. (김치를 담그다)

2) 도우미 활동할 때 _____. (한복을 입다)

3) 교수님 소개로 방학 때 학교에서 _____. (아르바이트를 하다)

4) 평일에는 시간이 없어서 주말 오후에 _____. (시간제로 일하다)

5) 디아나 씨는 어떤 _____? (외국어를 배우다)

6) 신입생 환영회 때 춤 동아리 멤버와 _____. (K-팝댄스를 추다)

멤버

문법 3   -아/어/해 본 적이 있다/없다

✓ 의미

어떤 일을 시도한 경험이 있는지 없는지를 나타낼 때 사용한다.

✓ 형태

동사	ㅏ,ㅗ(O)	-아 본 적이 있다/없다	타다	타+-아 본 적이 있다/없다 → 타 본 적이 있다/없다
	ㅏ,ㅗ(X)	-어 본 적이 있다/없다	먹다	먹+-어 본 적이 있다/없다 → 먹어 본 적이 있다/없다
	하다	해 본 적이 있다/없다	공부하다	공부하+-여 본 적이 있다/없다 → 공부해 본 적이 있다/없다

예 1

◎ 한국에서 혼자 병원에 가 본 적이 있어요?
◎ 고등학교에서 외국어를 공부해 본 적이 있어요.

예 2

가: 인터넷으로 토픽 말하기 시험을 쳐 봤어요?
나: 아니요 쳐 본 적이 없어요.

상을 타다	봉사 활동을 하다	교재를 예약하다
선배와 상담하다	스포츠대회에 나가다	인턴사원 지원서를 쓰다

1) 작년에 초등학생에게 컴퓨터를 가르치는 _____.

2) 서점에 전공 교재가 다 팔려서 _____.

3) 외국인 댄스동아리 대회에서 _____.

4) 한국 회사에 취업하기 위해서 _____.

5) 전공 선택 때문에 _____.

6) 저는 농구를 못해서 학교 _____.

회사에 취업하다   인턴사원 지원서를 쓰다

활동1

■ 다음을 읽고 물음에 답하십시오.

여러분은 이 동아리 이름을 들어 본 적이 있어요? 다른 학교에는 없고 우리 학교에만 있는 이색동아리가 있어요. 치킨 동아리는 치킨을 먹어 보고 치킨 회사와 치킨 이름을 맞추는 동아리예요. 파티 동아리도 있어요. 강의가 끝나고 매주 금요일에 파티를 열어 스트레스를 풀어요. 한복 동아리도 있어요. 한국 학생이 외국인에게 한복의 아름다움을 알리기 위해서 동아리를 만들었어요. 그리고 열기구 동아리도 있어요. 한국이나 외국에 나가서 열기구를 타는데 여러 나라 친구들을 만날 수 있어서 인기가 있어요. 여러분은 어떤 동아리에 가입해 보고 싶어요? 여러분도 시간이 있으면 친구와 함께 재미있는 동아리 활동을 해 보세요.

1 위 글을 쓴 목적을 고르십시오.

① 새 동아리를 만들려고

② 동아리 회원을 모집하려고

③ 특별한 동아리를 소개하려고

④ 신입회원에게 동아리 가입비를 안내하려고

2 윗글을 읽고 아래 표에 알맞은 것을 쓰십시오.

동아리 종류	치킨 동아리	파티 동아리	한복 동아리	열기구 동아리
활동	◎	◎	◎ 외국인에게 한복의 아름다움을 알려요	◎

이색동아리   이름을 맞추다   파티를 열다   스트레스를 풀다   알리다

열기구를 타다   인기가 있다   가입비

활동 2

 여러분은 동아리에 가입해 본 적이 있습니까?
여러분이 만들고 싶은 동아리를 써 보십시오.

동아리 이름	농구 동아리
모임 날짜	일주일에 한 번, 매주 금요일
동아리 활동, 특징	한 달에 한 번 다른 학교 농구동아리 팀과 경기를 해요. 가입비가 없어요.
같이 하고 싶은 회원	키가 크고 밥 잘 먹는 남학생

동아리 이름	
모임 날짜	
동아리 활동, 특징	
같이 하고 싶은 회원	

활동 3

 여러분은 아르바이트를 해 본 적이 있습니까? 언제 어떤 아르바이트를 해 봤습니까? 한국에서 해 보고 싶은 아르바이트가 있으면 이야기해 보십시오.

□ **어디에서 했어요?**   예) 학교 도서관, 학교 식당, 음식점, 편의점 등
□ **어떤 일을 했어요?**
□ **언제부터 언제까지 일했어요?**
□ **얼마를 받았어요?**
□ **어떻게 그 일을 시작했어요?**
□ **어디에서 하고 싶어요?**
□ **어떤 일을 하고 싶어요?**
□ **몇 시부터 몇 시까지 일하고 싶어요?**
□ **얼마를 받고 싶어요?**
□ **왜 그 일을 하고 싶어요?**

확인 학습

1 알맞은 것을 골라 연결하십시오.

1) 본래의 직업이 아니고 잠깐 하는 일 •

2) 같은 취미를 가지고 모인 모임이나 그룹 •

3) 몇 시간 동안만 일하는 방식이나 그런 일 •

4) 돈을 받지 않고 내가 하고 싶어서 참여하여
　도와주는 활동 •

5) 남에게 봉사하는 사람이나 일을 도와주는 사람 •

　　　• 가) 동아리

　　　• 나) 도우미

　　　• 다) 파트타임

　　　• 라) 자원봉사

　　　• 마) 아르바이트

2 <보기>에서 알맞은 것을 골라 문장을 완성하십시오.

인기	편의점	행사장	여가 생활	이색동아리

1) 방학 때 콘서트 ＿＿＿＿＿＿＿＿＿＿＿＿＿＿＿＿ 도우미로 일해 본 적이 있어요.

2) 운동 동아리가 우리 학교에서 가장 ＿＿＿＿＿＿＿＿＿＿＿＿＿＿이/가 있어요.

3) 아르바이트 때문에 바빠서 ＿＿＿＿＿＿＿＿＿＿＿＿＿＿을 해 본 적이 없어요.

4) 페루즈 씨는 매일 저녁에 학교 안 ＿＿＿＿＿＿＿＿＿＿＿＿에서 아르바이트를 해요.

5) 내일 학교 동아리를 소개하는 날이에요. 저는 ＿＿＿＿＿＿＿＿＿에 가입하고 싶어요.

더하기

■ 유학생 아르바이트

유학생 아르바이트 안내는 법무부(www.easylaw.go.kr)에서 확인해 보세요.

법무부

Q: 언제부터 시작할 수 있어요?

A: 1. 어학연수생은 6개월 이후부터 일할 수 있어요.
2. 학사와 석사과정, 박사 과정은 제한이 없어요.

Q: 어떤 아르바이트를 할 수 있어요?

A: 1. 통역, 번역, 음식점 보조, 일반 사무 보조 등
2. 영어마을이나 영어 캠프에서 가게 판매원, 식당 점원,
행사 보조요원
3. 관광안내 보조, 면세점 판매 보조 등

Q: 몇 시간 동안 할 수 있어요?

A: 1. 학사 1~4학년의 경우
토픽 3급이나 4급이 있으면 주중은 20시간, 주말과 방학은 제한 없어요.
토픽 3급이나 4급이 없으면 주중, 주말, 방학 동안 10시간만 할 수 있어요.

Q: 필요한 서류가 뭐예요?

A: 법무부 장관의 체류 자격 외 활동 허가를 받아야 해요.

Q: 유학생(D-2)이 직접 신청할 수 있어요?

A: 네, 17세 이상의 유학생은 직접 신청할 수 있어요.

(출처: 외국인 체류 안내매뉴얼, 2022.12., 38쪽 참고)

과제 작성

학습목표

- 과제에 대해 듣고 말할 수 있다.
- 자료를 찾는 방법을 익혀 사용할 수 있다.

생각해 보기

1. 과제 작성은 어떻게 해야 돼요?
2. 과제 자료는 어디에서 찾을 수 있어요?

어휘 및 표현

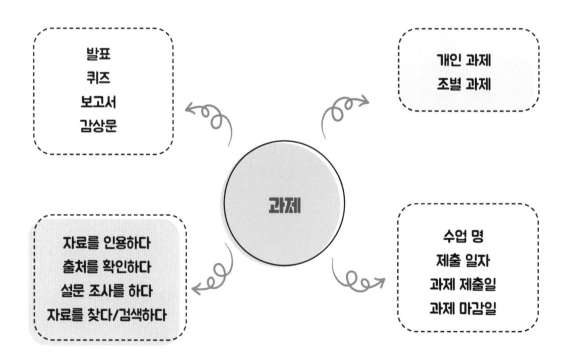

발표
퀴즈
보고서
감상문

개인 과제
조별 과제

과제

자료를 인용하다
출처를 확인하다
설문 조사를 하다
자료를 찾다/검색하다

수업 명
제출 일자
과제 제출일
과제 마감일

듣고 말하기

디아나: 수산토 씨, 시험도 끝났는데 우리 맛있는 거 먹으러 갈까요?

수산토: 좋아요. 그런데 저는 도서관에 가서 과제 자료를 좀 찾고 갈게요.

디아나: 벌써요? 과제는 다음 주까지 해도 되지요?

수산토: 맞아요. 그렇지만 A+ 받으려면 미리 준비해야지요.

디아나: 와, 정말 대단해요. 그런데 수산토 씨는 과제할 때 뭘 먼저 해요?

수산토: 과제 주제를 인터넷 자료 조사 사이트에서 검색해요.

　　　　다음에 그 자료를 보고 자기 생각을 쓰면 돼요.

1. 수산토는 왜 과제를 일찍 시작하려고 합니까?

2. 과제 자료는 어떻게 찾아야 합니까?

----

3. 여러분은 과제를 할 때 어디에서 자료를 찾습니까?

문법 1   -느라고

✓ 의미
주로 부정적인 결과에 대한 원인이나 이유를 나타낼 때 사용한다.

✓ 형태

동사	받침○	-느라고	찾다	찾+-느라고 → 찾느라고
	받침X		수정하다	수정하+-느라고 → 수정하느라고

예 1

◎ 자료를 찾느라고 어제 두 시간 밖에 잠을 못 잤어.
◎ 과제를 하느라고 친구와의 약속을 잊어버렸어요.

예 2

가: 과제가 너무 많아요.
나: 맞아요. 과제하느라고 매일 너무 힘들어요.

연습

1) 자다 + 수업에 늦다 → <u>자느라고 수업에 늦었어요.</u>

2) 주말에 놀다 + 밤을 새우다 → _____.

3) 쇼핑을 하다 + 돈을 다 쓰다 → _____.

4) 요즘 아르바이트를 하다 + 못 쉬다 → _____.

5) 휴대폰을 보다 + 버스에서 못 내리다 → _____.

6) 시험공부를 하다 + 시간 가는 줄 모르다 → _____.

문법 2   **-(으)려면**

✓ 의미
어떤 일을 할 의도나 의향을 가정할 때 사용한다.

✓ 형태

동사	받침○	-으려면	받다	받+-으려면 → 받으려면
	받침X	-려면	검색하다	검색하+-려면 → 검색하려면

예 1

◎ A+를 받으려면 제출 날짜를 지켜야 해요.
◎ 자료를 검색하려면 저쪽 컴퓨터를 사용하세요.

예 2

가: 과제의 표절을 예방하려면 반드시 참고 자료의 출처를 표시해야 합니다.
나: 알겠습니다, 교수님.

TIP!
■ 카피킬러 출처생성기
https://citation.sawoo.com

1) 가: 성적을 잘 받고 싶어요. 어떻게 해야 해요?

   나: _____ (성적을 잘 받다, 과제를 잘하다)

2) 가: 과제를 하려면 뭐부터 해야 해요?

   나: _____ (과제를 하다, 자료부터 검색하다)

3) 가: 자료는 어디에서 찾을 수 있어요?

   나: _____ (자료를 찾다, 인터넷에서 찾다)

4) 가: 인터넷 자료를 그대로 사용해도 돼요?

   나: _____ (인터넷 자료를 사용하다, 한 번 더 확인하다)

 제날짜   제출하다   검색하다   표절   예방하다   자료 출처   표시하다

문법 3   -아/어/해도 되다

✓ **의미**

어떤 상황이나 일에서 허락이나 허용을 나타낼 때 사용한다.

✓ **형태**

동사	ㅏ,ㅗ(O)	-아도 되다/안 되다	가다	가+-아도 되다 → 가도 되다
	ㅏ,ㅗ(X)	-어도 되다/안 되다	읽다	읽+-어도 되다 → 읽어도 되다
	하다	해도 되다/안 되다	제출하다	제출하+-여도 되다 → 제출해도 되다

예 1

가: 과제에 출처 표시를 안 해도 돼요?
나: 아니요, 꼭 해야 돼요.

예 2

가: 금요일까지 과제를 제출해도 돼요?
나: 네, 금요일까지 해도 돼요.

연습

1) 가: 과제를 _____? (교수님께 직접 제출하다)

   나: 네, 하지만 e-class에 올리세요.

2) 가: _____? (내일 조별 모임을 하다)

   나: 미안해요. 내일은 바빠요. 모레는 어때요?

3) 가: 교수님, 이번 과제는 _____? (혼자 하다)

   나: 아니요, 혼자 하면 안 돼요. 조원들과 같이 하세요.

4) 가: 수산토 씨, 방금 _____? (발표한 자료의 사진을 찍다)

   나: 미안해요. 이건 저 혼자 만든 것이 아니에요. 조원들에게 먼저 물어볼게요.

제출하다   조원

활동1

■ 다음을 읽고 물음에 답하십시오.

다음은 과제를 할 때 지켜야 할 것들입니다. 우선, 주제를 정하고 과제에 필요한 정보를 검색해야 합니다. 다음으로 믿을 수 있는 자료를 참고하세요. 이때 인터넷 자료를 사용해도 되지만 과제에 그대로 쓰면 안 됩니다. 또 과제를 한 다음에는 맞춤법이 맞는지 확인해야 합니다. 또 과제에 다른 사람의 글을 인용할 때는 출처를 밝혀야 합니다. 과제 제출은 교수님께 물어서 온라인이나 교수님께 직접 제출합니다. 마지막으로 과제에 자신의 이름과 학번을 확인하고 제출 기한에 맞춰 제출합니다.

1 윗글의 내용과 같은 것을 고르십시오.

① 인용할 때는 출처를 밝힙니다.

② 인터넷 자료는 그대로 사용합니다.

③ 자료를 검색하고 주제를 정합니다.

④ 맞춤법 확인은 하지 않아도 됩니다.

■ 다음은 보고서 형식입니다. 아래의 빈칸을 완성하십시오.

| 한국의 명절 | → 보고서의 제목 |

한국의 명절

❶ _____: 한국 문화의 이해
❷ _____: 김○○
❸ _____: 글로벌비즈니스
❹ _____: 2XXX12345
　이름: 미야자키 유미
❺ _____: 20XX.X.X

목차

보고서를 제출할 때는 표지에 1) _____고 그 다음 2) _____.
　　　　　　　　　　　　　(과목명을 쓰다)　　　　　　　　(교수님의 이름을 쓰다)

그리고 3) _____고 4) _____아/어야 합니다. 마지막으로
　　　　(전공을 쓰다)　　　　　(학번을 쓰다)

5) _____을/를 씁니다. 또 목차에는 서론, 6) _____,
　　(제출일)　　　　　　　　　　　　　　　　　(본론)

7) _____, 참고 문헌 순서로 작성합니다.
　　(결론)

다음은 조별 과제에 대해 조사한 결과입니다. 여러분은 조별 과제에 대해 어떻게 생각합니까?

조별과제, 어떻게 생각해?	
필요한 경험이야. 1428명	67.8%
없어졌으면 좋겠어. 614명	29.1%
잘 모르겠어. 65명	3.1%
202X.03.13.~202X.03.14. (총 2일)	총 2107명 100%

 조별 과제를 할 때 지켜야 할 규칙이 있습니까? 규칙을 써 보십시오.

1. 연락을 잘 받아야 합니다.

2. _____ .

3. _____ .

4. _____ .

확인 학습

1 알맞은 것을 고르십시오.

1) (개인 과제, 조별 과제)는 팀원들과 함께해야 합니다.

2) 페루즈는 이번 연구 결과를 사람들 앞에서 (검색했다, 발표했다)

3) 실험 결과는 (보고서, 감상문)으로/로 작성해서 내일까지 제출하세요.

4) 이 (설문 조사, 제출 일자)는 성인 남녀 천 명을 대상으로 실시하였다.

5) 과제는 (제출일, 수업명)을/를 확인하고 기간 안에 반드시 내야 합니다.

2 알맞은 것을 골라 문장을 완성하십시오.

출처	참고 문헌	개인 과제	인용하다	제출하다

1) _____ 저자명 순서로 정리해야 해요.

2) 과제는 온라인으로 어젯밤에 _____.

3) 보고서에 신문기사를 _____(으)려면 출처를 꼭 써야 해요.

4) 수산토는 자료의 _____을/를 확인하려고 인터넷을 검색했어요.

5) 저는 사람들과 함께하는 과제보다 혼자 할 수 있는 _____이/가 더 좋아요.

더하기

■ 과제 작성 시 유용한 사이트

RISS
학위논문, 강의자료, 연구 자료 등을 무료로
볼 수 있다.

Unsplash
저작권 문제없이 좋은 사진들을 다운로드
받을 수 있다.

SlideShare
PPT를 무료로 다운로드 받을 수 있다.

6과

대학 생활

학습목표

🎈 교수님께 상담 요청을 할 수 있다.

🎈 학교 직원에게 학사 관련 문의를 할 수 있다.

생각해 보기

1. 학습 관리 시스템(LMS)으로 교수님께 어떻게 질문을 해요?
2. 학교에서 외국인 유학생의 일을 어디에서 해요?

어휘 및 표현

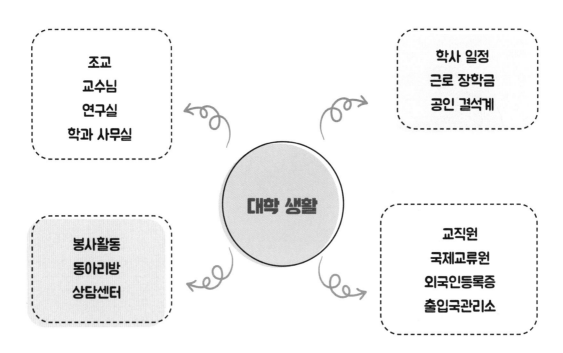

대학 생활

조교
교수님
연구실
학과 사무실

학사 일정
근로 장학금
공인 결석계

봉사활동
동아리방
상담센터

교직원
국제교류원
외국인등록증
출입국관리소

듣고 말하기

페루즈: 교수님, 제가 상담을 요청하고 싶은데 언제 시간이 괜찮으세요?

교수님: 페루즈 씨, 어떤 내용으로 상담을 하고 싶어요?

페루즈: 이번 과제 준비 방법과 제출 방법을 여쭤보고 싶어요.

교수님: 그렇군요. 그런데 내가 오늘은 시간이 안 될 것 같아요.
   내일 1시에 시간이 괜찮은데, 어때요?

페루즈: 아, 저도 내일 1시부터 2시까지 공강이에요.

교수님: 그럼 내일 1시에 내 연구실로 오세요.

페루즈: 네, 감사합니다. 내일 뵙겠습니다.

1. 페루즈는 왜 교수님께 상담 요청을 했습니까?

2. 교수님과 페루즈는 언제, 어디에서 상담을 합니까?

----

3. 교수님께 상담을 요청을 하는 방법에는 어떤 것이 있습니까?

   예) · 온라인 - LMS, 카카오톡, 메시지, 전화
   · 오프라인 - 대면, 방문

상담을 요청하다   과제 준비   여쭤보다

문법 1   -(으)시-

✓ 의 미
윗사람에게 높임을 나타낼 때 사용한다.

✓ 형 태

동사/형용사	받침○	-으시-	읽다 좋다	읽+-으시- → 읽으시다 좋+-으시- → 좋으시다
	받침X	-시-	보다 나쁘다	보+-시- → 보시다 나쁘+-시- → 나쁘시다
명사	받침○	-이시-	부모님	부모님+-이시- → 부모님이시다
	받침X	-시-	선배	선배+-시- → 선배시다

예 1

◎ 교수님이 강의실에서 수업을 하십니다.
◎ 지금 국제교류센터 선생님이 부르셔서 가고 있어요.

예 2

가: 디아나, 가입한 댄스 동아리는 어때요?
나: 동아리 선배님이 많이 도와주셔서 빨리 익숙해졌어요.

연습

1) 어머니께서 지금 창문을 <u>닫으십니다</u>. (닫다)

2) 주말에 부모님은 주로 _____. (등산을 하다)

3) 한국어 담당 교수님은 _____. (친절하다)

4) 오늘 할머니 기분이 _____. (좋다)

5) 저기 계시는 분이 _____. (의사 선생님)

6) 오늘 오시는 분은 저의 _____. (할아버지)

부르시다   동아리에 가입하다   도와주시다

문법 2   특수 높임 1

✓ **의미**

윗사람에게 높임을 나타낼 때 사용하는 것으로 특수한 형태를 가진 것을 나타낸다.

✓ **형태**

	친구/ 동생	어른		친구/ 동생	어른
동사 형용사	자다 먹다 마시다 말하다 죽다 있다 주다 묻다 아프다 만나다	주무시다 드시다, 잡수시다 드시다 말씀하시다 돌아가시다 계시다, 있으시다 드리다 여쭙다, 여쭈다 편찮으시다 뵙다, 뵈다	명사	이름 나이 밥 집 말 생일 사람	성함 연세 진지 댁 말씀 생신 분
			조사	이/가 은/는 에게서/한테서 에게	께서 께서는 께(로부터) 께

예 1

◎ 지금 할머니는 방에서 주무시고 계세요.
◎ 사장님께서 말씀하십니다.

예 2

가: 설리 씨, 할아버지 연세가 어떻게 되세요?
나: 올해 80세예요.

1) 오늘은 할머니의 74번째 (생신)/생일)이에요.

2) 수산토 씨, B 거래처 사장님의 (성함/이름)이 뭐죠?

3) 지금 회의실에 교수님이 두(분/명) 계세요.

4) 할아버지께서 갑자기 (편찮으셔서/아파서) 병원에 가셨어요.

5) 교수님, 잠깐 (여쭤/물어) 보고 싶은 것이 있습니다.

6) 오늘 오랜만에 할머니를 (만나러/뵈러) 시골에 갑니다.

거래처   시골에 가다

문법 3 　　특수 높임 2

✓ 의미

윗사람에게 높임을 나타낼 때 사용하는 것으로 특수한 형태를 가진 것을 나타낸다.

✓ 형태

	어른	→	모시고 가다 모시고 오다	모셔다 드리다
	친구, 동생	→	데리고 가다 데리고 오다	데려다 주다
	사물	→	가지고 가다 가지고 오다	가져다 주다 가져다 드리다

예 1

◎ 유미가 교수님을 모시고 행사장으로 오세요.
◎ 형은 동생을 데리고 오고 나는 부모님을 모시고 갑니다.

예 2

가: 데이브 씨, 부모님과 부산 여행은 많이 했어요?
나: 네, 이곳저곳 많이 갔어요. 내일은 광안리 바다에 모시고 가려고 해요.

데리고 오다   모시고 오다   가지고 오다   모셔다 드리다

---

1) 가: 페루즈 씨, 외국인 유학생 행사에 사용할 꽃을 _____.-(으)세요

    나: 알겠어요. 어디로 가야 해요?

2) 가: 고객님. 죄송하지만 이 미술관은 강아지 동반 입장이 안 됩니다.

    나: 아, 죄송합니다. 강아지를 _____.-(으)면 안 되는 줄 몰랐습니다.

3) 가: 이제 곧 행사를 시작할 거니까 데이브가 교수님을_____.-(으)세요

    나: 알겠어요. 제가 교수님 연구실에 갔다 올게요.

4) 가: 오늘 정말 즐거웠어요. 초대해 주셔서 감사합니다.

    나: 부장님, 제가 댁까지 _____.-(으)ㄹ게요

 행사   입장   초대해 주다

활동1

■ 다음은 국제교류원 직원과의 대화입니다. 물음에 답하십시오.

페루즈: 안녕하세요. 저는 우즈베키스탄 유학생 페루즈입니다.

직　원: 페루즈, 어서 와요. 무슨 일로 왔어요?

페루즈: 제가 다음 주에 있는 외국인 유학생 행사에서 유학생 대표로 발표를 맡았어요.
그런데 결석하는 수업이 있어서 공인결석계를 제출해야 해요.
이것을 문의하고 싶어요.

직　원: 페루즈, 행사에서 발표를 맡아 줘서 고마워요.
그런데 공인결석계는 내일 나올 거예요.

페루즈: 그럼, 내일 다시 올게요. 감사합니다.

직　원: 네, 내일 메시지로 연락을 할 거예요. 메시지 받으면
교류원으로 오세요.

페루즈: 네, 알겠습니다.

1 페루즈는 다음 주에 왜 결석을 합니까?

2 공인결석계를 받아서 어떻게 해야 합니까?

3 위의 내용과 맞지 <u>않는</u> 것을 고르십시오.

① 페루즈는 국제교류원에 들렀습니다.

② 직원이 페루즈에게 서류를 주었습니다.

③ 페루즈는 공인결석계를 받고 싶어 합니다.

④ 직원은 내일 페루즈에게 메시지를 보냅니다.

 　문의하다　　　발표를 맡다　　　서류를 주다　　　들르다　　　메시지를 보내다

활동2

 다음은 대학교에 있는 프로그램입니다.
어떤 프로그램인지 확인해 보십시오.

 글쓰기 클리닉

글쓰기 첨삭

받고 싶은 재학생 **누구나 이용 가능!**

> 학교에서 글쓰기 클리닉을 운영합니다. 글쓰기에 어려움을 느끼는 학생의 글을 글쓰기 클리닉 튜터가 고치는 것을 도와 줍니다.

탄뎀 프로그램 소개

기숙탄뎀?

탄뎀존?

E탄뎀?

> 학교에서 한국인 학생과 외국인 학생이 교류하는 탄뎀 프로그램 참가자를 모집합니다. 외국인 유학생과 한국인 학생이 짝을 지어 서로 교류하면서 서로의 언어와 문화를 가르칩니다. 여러분도 탄뎀에 참여하여 한국인 학생과 교류해 보세요.

 여러분은 학교 생활을 하면서 어떤 프로그램이 있으면 좋겠다고 생각했습니까? 여러분이 만들고 싶은 프로그램을 이야기해 봅시다. 그리고 참가하고 싶은 프로그램을 이야기해 봅시다.

만들고 싶은 프로그램	참가하고 싶은 프로그램
· · ·	· · ·

활동3

■ 외국인 유학생이 한국어능력시험 공부를 같이하는 동아리를 만들려고 합니다. 스터디 포스터를 만들어 보세요. 그리고 가입신청서를 써 보십시오.

(1) 스터디 이름 _____

(2) 모집 기간 _____

(3) 모집 대상 _____

(4) 활동 내용 _____

(5) 가입 문의 연락처 _____

※ TIP 이런 학생에게 추천! _____

20XX 글로벌언어문화동아리 신입부원 모집

모집 기간
20XX.03.06. - 03.19.

모집 대상
- 내국인 재학생 15명 내외
- 외국인 재학생 및 유학생 15명 내외

이런 학생에게 추천!
여러 국적의 친구들과 교류하며 소통하고 싶은 학생

* 한국어능력시험 자격증 스터디

스터디 가입 신청서	
이름/학번/연락처	
희망 급수	
각오	

확인 학습

1 알맞은 것을 골라 연결하십시오.

1) 결석의 이유를 공식적으로 인정받은 서류 •　• 가) 공인 결석계

2) 학교 교육 일정에 대한 계획 •　• 나) 근로 장학금

3) 대학에서 사무를 돕는 사람 •　• 다) 조교

4) 학교에 노동력을 제공하고 받는 장학금 •　• 라) 상담센터

5) 상담을 해 주는 장소 •　• 마) 학사일정

2 다음 <보기>에서 (　　　)에 알맞은 것을 골라 쓰십시오.

조교　　　　　　교직원　　　　　　국제교류원
동아리방　　　　　출입국관리소

1) 학사 일정에 대해 궁금한 것은 학과 사무실의 _____에게 문의해 보세요.

2) 저는 내일 외국인등록증을 발급받아야 해서 _____에 갑니다.

3) 외국인 유학생에 관한 일은 _____에서 처리합니다.

4) 공강일 때는 주로 _____에 가서 동아리 친구들을 만납니다.

5) 우리 학교 국제교류원 _____들은 외국어를 잘 합니다.

더하기

■ 높임말 실수

엄마, 전화 오셨어요.(X)		엄마, 전화 왔어요.(O)
손님, 커피 나오셨습니다.(X)		손님, 커피 나왔습니다.(O)
주문하신 빵 나오셨습니다.(X)		주문하신 빵 나왔습니다.(O)
말씀하신 메뉴는 품절이십니다. (X)	SOLD OUT	말씀하신 메뉴는 품절입니다.(O)

7과

학교 시설

학습목표

🎈 학교 도서관 스터디룸을 예약하는 방법을 알 수 있다.

🎈 학교 시설 이용의 불편한 점을 이야기할 수 있다.

생각해 보기

1. 학교 도서관 스터디룸은 어떻게 예약해요?
2. 학교 시설을 이용할 때 어떤 점이 불편해요?

어휘 및 표현

좌석 발급기
자료실　열람실
입실　퇴실

학생증
자동 대출기
책을 빌리다
책을 반납하다

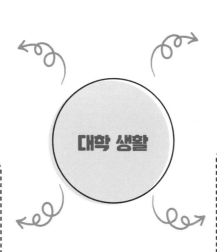

대학 생활

잔디밭
키오스크
학생 카페
학생 식당

기숙사
이용 규칙
외박하다
신청서를 쓰다
벌점을 받다
통금 시간을 지키다

듣고 말하기

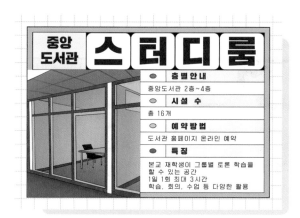

데이브: 설리 씨, 우리 팀 과제를 해야 해요.

이번 주 금요일에 도서관 스터디룸에서 같이 하는 게 어때요?

설　리: 좋아요. 같이 하면 좋을 것 같아요.

데이브: 그래요. 스터디룸은 예약하고 나서 사용해야 하니까

지금 같이 예약해요.

설　리: 알겠어요. 그런데 저는 스터디룸 예약은 한 번도 안 해 봤어요.

데이브 씨는 예약할 줄 알아요?

데이브: 네, 지난번에 친구들하고 같이 스터디룸을 사용해 본 적이 있어요.

설　리: 그래요? 어떻게 하는 거예요?

데이브: 도서관 사이트에 들어가서 학번을 누르고 자리를 정하면 돼요.

또, 도서관에 직접 가서 키오스크로 해도 돼요.

　　예약하다　　사이트에 들어가다　　학번을 누르다　　자리를 정하다

1. 데이브와 설리는 왜 스터디룸을 예약하려고 합니까?

2. 도서관 스터디룸을 예약하는 방법은 무엇입니까?

----

3. 학교 안에 키오스크가 있는 곳은 어디입니까?

| 카페 | 학생 식당 | 도서관 |

문법 1   -고 나서

✓ 의미

앞의 행위가 뒤의 행위보다 시간상 앞선다는 것을 표현할 때 사용한다.

✓ 형태

동사	받침○	-고 나서	읽다	읽+-고 나서 → 읽고 나서
	받침X		보다	보+-고 나서 → 보고 나서

예 1

◎ 기숙사 선생님께 규칙을 듣고 나서
   방으로 이동했어요.
◎ 수업이 끝나고 나서 학생 식당으로
   바로 갈게요.

예 2

가: 수산토 씨, 오랜만이에요.
   요즘 많이 바빠요?
나: 네, 중간시험을 치고 나서
   과제가 많아져서 좀 바빠요.

연습

수업이 끝나다	복사물을 찾다	동영상을 넣다
책을 빌리다	손을 씻다	커피를 주문하다

1) 고향에 있는 친구에게 보낼 책인데＿＿＿＿＿＿＿＿＿＿＿＿＿＿＿우체국에 가려고 해요.

2) 도서관에서＿＿＿＿＿＿＿＿＿＿＿＿＿＿＿＿메시지 보낼 거니까 조금만 기다려 줘요.

3) 공강 시간에 복사실에서＿＿＿＿＿＿＿＿＿＿＿＿＿＿＿바로 식당으로 가려고 합니다.

4) 수업에 발표할 PPT에＿＿＿＿＿＿＿＿＿＿＿＿＿＿＿＿＿친구에게 보냈습니다.

5) 강의실 옆의 화장실에서＿＿＿＿＿＿＿＿＿＿＿＿＿＿＿휴대폰을 두고 나왔습니다.

6) 카페에서 키오스크로＿＿＿＿＿＿＿＿＿＿＿＿＿＿＿＿＿＿자리에 앉았습니다.

   규칙을 듣다   복사물을 찾다   동영상을 넣다   PPT를 만들다

문법 2   - (으)ㄹ 줄 알다/모르다

✓ **의미**

동사에 붙어 어떤 일을 하는 방법을 아는지와 능력을 나타낼 때 사용한다.

✓ **형태**

동사	받침○	- 을 줄 알다/모르다	읽다	읽+-을 줄 알다/모르다 → 읽을 줄 알다/모르다
	받침X	-ㄹ 줄 알다/모르다	치다	치+-ㄹ 줄 알다/모르다 → 칠 줄 알다/모르다

예 1

◎ 저는 기숙사 헬스장을 이용할 줄 알아요.

◎ 친구는 자전거를 탈 줄 모르니까 제가 다녀오겠습니다.

예 2

가: 디아나 씨, 학교 E-class의 동영상 수업을 들을 줄 알아요?

나: 네, 다른 수업에서도 동영상 수업이 있어요. 그래서 E-class 시스템을 사용할 줄 알아요.

1) 가: 학생 식당_____? (키오스크를 사용하다)

　나: 아니요, 사용할 줄 몰라요.

2) 가: 페루즈, 혹시_____? 좀 가르쳐 줄래요? (전동 킥보드를 타다)

　나: 아니요, 나도 전동 킥보드 탈 줄 몰라요.

3) 가: 여러분, LMS에 과제 올리는 방법을 알고 있어요?

　나: 네, 교수님._____. (과제를 업로드하다)

4) 가: 디아나 씨, 휴대폰에 학교 앱을 깔았어요? 나는 처음에 이 앱이 없어서 여러 가지로 불
　　편했어요.

　나: 맞아요, 나도 처음에 _____ 불편했어요. 그런데 앱을 깔고 나니까 편리
　　해졌어요. (앱을 설치하다)

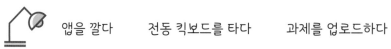
앱을 깔다　　　전동 킥보드를 타다　　　과제를 업로드하다

문법 3 -아/어/해 주다

✓ 의미

다른 사람에게 도움을 요청할 때 사용한다.

✓ 형태

동사	ㅏ,ㅗ(O)	-아 주다	사다	사 + -아 주다 → 사 주다
	ㅏ,ㅗ(X)	-어 주다	빌리다	빌리 + -어 주다 → 빌려 주다
	하다	해 주다	청소하다	청소하 + -여 주다 → 청소해 주다

예 1

◎ 기숙사는 공동생활 공간이니까 깨끗하게 청소해 주세요.
◎ 데이브, 이 문장을 크게 읽어 주세요.

예 2

가: 유미 씨, 미안한데 창문을 좀 닫아 주세요. 차가운 바람이 들어오니까 많이 추워요.
나: 네, 알겠습니다.

분리수거를 하다　　　　잔디밭에서 나가다　　　　신청서를 쓰다

종이를 가지고 오다　　　　세탁실을 이용하다　　　　운동화를 신다

1) 기숙사에서는 반드시 쓰레기 <u>분리수거를 해 주세요.</u>

2) 학교 잔디밭에는 들어가면 안 됩니다. 빨리 _____.

3) 기숙사에서 외박을 하려면 반드시 외박 _____.

4) 빨래를 하려면 꼭 _____.

5) 기숙사 헬스장에서는 반드시 _____.

6) 프린트기를 사용할 때는 프린트용 _____.

활동1

■ 다음은 기숙사 규칙입니다. 읽고 물음에 답하십시오.

저는 미국에서 온 데이브입니다. 지금 학교 기숙사에서 생활하고 있습니다. 룸메이트와 함께 생활한 지 3개월 정도 되었고, 2인 1실에서 지내고 있습니다. 룸메이트와 같이 생활하는 것이 불편하지만 지금까지 한 번도 싸운 적은 없습니다. 기숙사는 공동생활이기 때문에 서로 배려합니다.

기숙사는 생활하기에 편리한 점이 많습니다. 학생 식당과 편의점이 1층에 있어서 아침에 조금 늦게 일어나도 간단하게 아침을 먹을 수 있습니다. 또, 강의실과 가까워서 지각을 하지 않고 수업을 들을 수 있습니다. 그리고 지하에 헬스장이 있어서 시간이 날 때마다 운동을 할 수 있습니다. 건강관리를 할 수 있어서 좋습니다. 그런데 기숙사는 불편한 점도 있습니다. 기숙사 방 안에서는 음식을 먹을 수가 없어서 1층 휴게실에서 음식을 먹어야 합니다. 또, 배달 음식도 기숙사 방으로 가지고 올 수 없어서 휴게실에서 먹습니다. 가끔 방 안에서 혼자 조용하게 음식을 먹으면서 영화나 드라마를 보고 싶습니다. 하지만 그렇게 할 수 없어서 조금 아쉽습니다. 그리고 기숙사에는 통금 시간이 있습니다. 밤 12시까지 들어가야 벌점을 받지 않습니다. 그래서 저녁에 모임이 있을 때는 항상 마음이 급합니다.

1 데이브는 지금 어디에서 생활하고 있습니까?

2 데이브가 전한 기숙사 생활의 편리한 점과 불편한 점을 정리해 보십시오.

편리한 점	불편한 점
•	•
•	•
•	•

3 위의 내용과 맞지 <u>않는</u> 것을 고르십시오.

① 기숙사는 통금 시간을 지키지 않으면 벌점을 받습니다.

② 기숙사는 공동으로 생활하는 곳이라서 서로 배려하고 이해해야 합니다.

③ 기숙사와 강의실이 가까워서 데이브는 한 번도 지각을 한 적이 없습니다.

④ 기숙사에서 3개월 정도 생활한 데이브는 룸메이트와 다툰 적이 없습니다.

싸우다   배려하다   아쉽다   다투다

활동2

 다음은 통학에 대한 설명입니다.
자취와 기숙사의 좋은 점과 안 좋은 점을 써 보십시오.

통학

우리 과 친구 민수는 집에서 학교까지 통학을 합니다. 집에서 다니니까 집밥을 먹을 수 있고, 편안한 마음으로 다닙니다. 그리고 부모님도 매일 만날 수 있어서 좋습니다. 하지만 집에서 학교까지 멀어서 많이 피곤합니다. 또, 버스 시간 때문에 수업이 끝나고 친구들과 늦게까지 놀기가 힘듭니다.

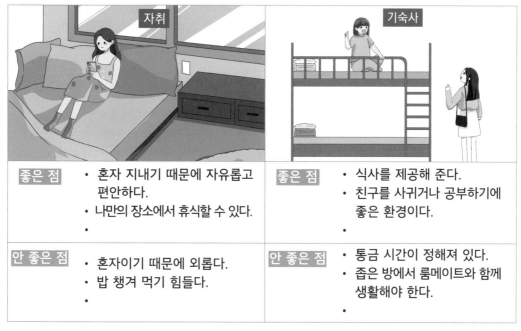

자취

좋은 점	• 혼자 지내기 때문에 자유롭고 편안하다. • 나만의 장소에서 휴식할 수 있다. •
안 좋은 점	• 혼자이기 때문에 외롭다. • 밥 챙겨 먹기 힘들다. •

기숙사

좋은 점	• 식사를 제공해 준다. • 친구를 사귀거나 공부하기에 좋은 환경이다. •
안 좋은 점	• 통금 시간이 정해져 있다. • 좁은 방에서 룸메이트와 함께 생활해야 한다. •

 여러분은 학교 건물 안에 어떤 시설이 있는지 알고 있습니까?
학교 시설을 이용할 때 불편한 점이 있습니까? 이야기해 보십시오.

서점	복사실	여행사	은행	ATM
미용실	카페	식당	안경점	편의점

확인 학습

1 알맞은 것을 골라 연결하십시오.

1) 책을 되돌려주는 것 • • 가) 좌석 발급기

2) 자리 티켓이 나오는 기계 • • 나) 열람실

3) 자동으로 빌릴 수 있는 것 • • 다) 자동 대출기

4) 앉아서 책을 읽거나 공부하는 곳 • • 라) 책을 빌리다

5) 책을 대출하는 것 • • 마) 책을 반납하다

2 다음 <보기>에서 알맞은 것을 골라 (   )에 쓰십시오.

입실	퇴실	잔디밭	외박하다
분리수거를 하다		통금 시간을 지키다	

1) 교내에는 (   )이/가 많아요. 거기에는 들어가면 안 돼요.

2) 기숙사 생활을 하는 학생이 (   ) 신청서를 반드시 써야 합니다.

3) 기숙사에 들어오는 것은 (   ), 나가는 것은 (   )입니다.

4) 한국에서는 쓰레기를 버릴 때 반드시 (   )를 해야 합니다.

5) 우리 학교 기숙사는 12시까지 들어가야 합니다. (   ) 벌점을 받습니다.

더하기

■ 도서관 이용

도서관 이용하기

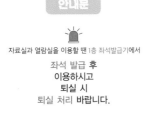

안내문

자료실과 열람실을 이용할 땐 1층 좌석발급기에서

좌석 발급 후
이용하시고
퇴실 시
퇴실 처리 바랍니다.

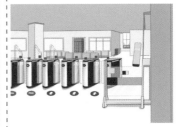

책이나 자료를 찾으려면 도서관에 가야 한다. 도서관에 들어가려면 학생증이 있어야 한다. 도서관에는 자료실과 열람실이 있다. 자료실은 책이 있는 곳이다. 자료실에서 책을 빌리거나 반납할 수 있다. 또, 도서 자동 대출기로 책을 빌릴 수도 있다.

책 빌리기

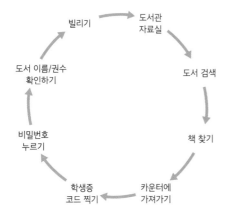

빌리기 → 도서관 자료실 → 도서 검색 → 책 찾기 → 카운터에 가져가기 → 학생증 코드 찍기 → 비밀번호 누르기 → 도서 이름/권수 확인하기 → 빌리기

학습 방법

학습목표

🎈 나만의 공부 방법을 찾을 수 있다.

🎈 교수님께 공부 고민을 이야기할 수 있다.

생각해 보기

대학교 학점 잘 받는 꿀팁

1. 자신만의 특별한 공부 방법이 있어요?
2. 공부가 힘들 때 교수님께 어떻게 고민을 이야기해요?

어휘 및 표현

메모
필기
복습
예습

공부 동기 갖기
공부 목표 세우기
한국 친구 사귀기
한국어로 말하기

학습 방법

사전 찾기
문장 만들기
단어 외우기
단어장 정리하기

SNS 사용하기
인터넷 뉴스 읽기
드라마 대사 따라하기
탄뎀(언어교환) 참여하기

듣고 말하기

데이브: 오늘 '한국 문화의 이해' 수업에서 발표 잘 했어요?

유 미: 네, 조금 떨렸지만 발표를 잘한 것 같아요. 교수님께서 제가 발표한 후에
　　　　 자세하게 설명해 주셔서 친구들도 잘 이해한 것 같아요.

데이브: 그 수업 교수님께서는 설명을 재미있게 하시기로 유명한 분이에요.
　　　　 저도 지난 학기에 그 수업을 들었는데 정말 좋았어요.

유 미: 맞아요. 저하고 친구들이 한국어 수준이 높지 않은데 천천히 자세하게
　　　　 설명해 주세요. 그래서 수업에 잘 집중할 수 있어요.
　　　　 그리고 설명을 재미있게 하셔서 수업을 듣다가 많이 웃어요.

데이브: 맞아요. 그리고 그 교수님은 수업 시간에 학생들에게 필기하는 방법과
　　　　 단어 정리해서 외우는 공부 방법을 가르쳐 주세요.
　　　　 그래서 외국인 학생들에게 도움이 많이 되는 것 같아요.

유 미: 그렇지요. 교수님께서 복습과 예습을 하는 것도 좋은 공부 방법이라고
　　　　 하셨어요.

---

1. 유미가 수업에 집중할 수 있는 이유는 무엇입니까?

2. 교수님이 가르쳐 준 공부 방법은 무엇입니까?

- -

3. 여러분은 자신만의 특별한 공부 방법이 있습니까?

　　　떨리다　　　발표를 하다　　　수준이 높다

문법 1   -기 전에 / -(으)ㄴ 후에

✔ 의미

◎ -기 전에: 앞의 내용이 뒤의 내용보다 시간상 나중임을 표현할 때 사용한다.

◎ -(으)ㄴ 후에: 앞의 행위가 뒤의 행위보다 시간상 앞선다는 것을 표현할 때 사용한다.

✔ 형태

동사	받침○	-기 전에	읽다	읽+-기 전에 → 읽기 전에
	받침X		보다	보+-기 전에 → 보기 전에

동사	받침○	-은 후에	닫다	닫+-은 후에 → 닫은 후에
	받침X	-ㄴ 후에	치다	치+-ㄴ 후에 → 친 후에

예 1

◎ 아르바이트에 가기 전에 도서관에서 한국어능력시험 책을 빌렸어요.

◎ 인터넷으로 동영상 수업을 들은 후에 숙제를 했어요.

예 2

가: 디아나, 오늘 E-class로 숙제를 내기 전에 다시 한번 확인해요. 지난번에 실수했지요.

나: 알겠어요. 숙제를 내기 전과 낸 후에 모두 확인할 거예요.

1) <u>한국 드라마를 본 후에</u> 드라마 대사를 반복해서 따라합니다.
   (한국 드라마를 보다 + -(으)ㄴ 후에)

2) _____내가 할 수 있는 목표를 먼저 생각합니다.
   (공부 목표를 세우다 + -기 전에)

3) _____친구와 이야기할 수 있는 주제를 생각합니다.
   (언어교환에 참여하다 + -기 전에)

4) _____단어를 사전에서 찾습니다.
   (한국어로 문장을 만들다 + -기 전에)

5) _____노래를 따라 부릅니다.
   (노래 가사를 번역하다 + -(으)ㄴ 후에)

6) _____한국어로 일기를 씁니다.
   (하루 일과를 정리하다 + -(으)ㄴ 후에)

주제를 생각하다   사전에서 찾다   번역하다

문법 2　　　-고 있다

✓ **의미**

동작의 진행을 나타낼 때 사용한다.

✓ **형태**

| 동사 | 받침○ | -고 있다 | 열다 | 열+-고 있다 → 열고 있다 |
| | 받침X | | 켜다 | 켜+-고 있다 → 켜고 있다 |

예 1

◎ 지금 문을 열고 있는 친구가 브라질에서 온 디오바나예요.
◎ 지금 동영상 수업을 들으려고 노트북을 켜고 있어요.

예 2

가: 수산토, 어디에 있어요?
나: 나는 지금 커피를 주문하고 있어요. 키오스크 있는 곳으로 오세요.

연습

여기는 기숙사 공용 휴게실입니다.
기숙사 공용 휴게실에는 기숙사 생활을 하고 있는 학생들이 모여 있습니다.

③ 수산토

⑥ 데이브

① 유미

⑤ 디아나

② 설리

④ 페루즈

자료를 찾다	소설책을 읽다	잡지를 찾다
동영상을 보다	편지를 쓰다	자료를 다운로드 받다

---

1) 유미는 노트북으로 학교 LMS의 <u>자료를 찾고 있어요</u>.

2) 설리는 재미있는 _____.

3) 수산토는 책장에서 읽고 싶은 _____.

4) 페루즈는 휴대폰으로 요즘 인기있는 _____.

5) 디아나는 고향에 계시는 부모님께 _____.

6) 데이브는 태블릿으로 _____.

 노트북을 켜다   책장   다운로드 받다

문법 3   -다가

✓ 의미

① 상황의 전환을 나타낼 때 사용한다.
② 우연히 어떤 일이 생김을 나타낼 때 사용한다.

✓ 형태

동사	받침○	-다가	먹다	먹+-다가 → 먹다가
	받침X		가다	가+-다가 → 가다가

예 1

◎ 떡볶이를 먹다가 너무 매워서 물을 많이 마셨어요.
◎ 학교에 가다가 횡단보도 앞에서 같은 학과 친구를 만났다.

예 2

가: 데이브, 공부하다가 갑자기 어디 가는 거예요?
나: 도서관 앞에 동아리 친구가 잠깐 왔어요. 나가서 잠깐 이야기하고 올게요.

1) 가: 고향 친구가 교통사고가 났어요? 어떻게 알게 되었어요?

　　나: 네,_____교통사고 소식을 알게 되었어요.
　　　　　(SNS 메신저로 고향 친구와 연락을 하다)

2) 가: 전공 공부를 어떻게 해요?

　　나:_____모르는 것이 있으면 강의실에서
　　　　　(동영상 수업을 반복해서 보다)

　　교수님께 직접 질문을 해요.

1) 가: 처음부터 한국어 문장을 모두 외웠어요?

　　나: 아니요, _____ 이후에 문장까지 외우게 되었어요.
　　　　　　　(처음에는 단어만 외우다)

2) 가: 페루즈, 디아나와는 어떻게 친해졌어요?

　　나: 교양 수업 시간에 항상 _____친해졌어요.
　　　　　　　　　　　(앞자리에 같이 앉다)

교통사고　　　소식을 알다　　　친해지다

활동 1

■ 수산토는 유학생 선배에게 학업 고민을 상담합니다. 잘 읽고 물음에 답하십시오.

수산토: 선배님, 한국어를 굉장히 잘 하시는데 어떻게 공부했습니까?

선　배: 네, 공부할 때 중요한 것은 시간관리예요. 우선 계획표를 만들어서 한국어 공부와 전공 공부 시간을 정했어요. 보통 학교에 가기 전에는 한국어 공부에 집중했어요. 아침 식사를 한 후에 30분 정도 한국 드라마나 영화를 보고 대사를 따라 했어요. 드라마 대사를 태블릿에 써서 쓰기 연습도 하고 따라 말하기를 하면서 발음 연습도 했어요.

수산토: 선배님. 저는 전공을 좋아해서 선택했지만 공부도 어렵고 좋은 학점을 받기도 힘듭니다. 어떻게 하면 좋은 학점을 받을 수 있을까요?

선　배: 나는 수업 시간에 항상 앞에 앉아서 수업에 집중했어요. 수업 내용을 태블릿PC에 메모하였고 모르는 것은 쉬는 시간에 항상 교수님께 바로 질문을 했어요. 그리고, 팀 활동을 할 때 잘 참여하고, 숙제도 반드시 제출했어요. 숙제를 이해할 수 없을 때는 교수님께 e-class 메시지나 메일을 보내서 반드시 질문을 했어요.

1 선배는 한국어 공부를 어떻게 했습니까?

2 선배가 학점을 잘 받으려고 어떻게 노력했습니까?

3 위의 내용과 맞지 <u>않는</u> 것을 고르십시오.

① 수산토는 좋은 학점을 받는 것이 쉽습니다.

② 수산토는 좋은 학점 받는 방법을 알고 싶습니다.

③ 선배는 한국 드라마 대사를 따라하면서 공부했습니다.

④ 선배는 수업을 들은 후에 모르는 것을 교수님께 물었습니다.

 계획표를 만들다   발음 연습을 하다   전공을 선택하다   종이를 붙이다   태블릿PC

활동2

■ 다음 중에서 여러분이 가장 좋은 공부 방법이라고 생각하는 것을 선택하고 그 이유를 쓰십시오.

시간관리 잘하기	한국어 문장 만들기
공부환경 만들기	드라마 보기
수업에 집중하기	노래 듣기
노트 필기하기	인터넷 뉴스 보기
복습하기	단어 외우기
예습하기	한국 친구 사귀기
숙제하기	아르바이트 하기

<가장 좋은 공부 방법>

<이유>

■ 지금 SNS 라이브 방송에서 외국인 유학생의 공부 방법에 대해서 이야기를 하고 있습니다. 댓글로 여러분의 공부 방법을 이야기해 보십시오.

확인 학습

1 다음 어휘를 확인하십시오.

2 <보기>에서 알맞은 것을 골라 쓰십시오.

복습하다   단어장에 정리하다   언어교환에 참여하다

예습하다   드라마 대사를 따라하다

---

1) 한국 드라마에는 생활 한국어가 많이 나와요. 그래서 한국어 공부할 때 _____.

2) 나는 수업에 가기 전에 오늘 배울 것을 _____.

3) 책을 읽거나 문제를 풀다가 모르는 단어가 있으면 _____.
   그러면 잘 외울 수 있어요.

4) 한국어를 잘 하려면 한국어 말하기를 많이 연습해야 해요. 그래서 _____.

5) 나는 저녁에 집에 돌아와서 오늘 수업 시간에 배운 것을 꼭 _____.
   그러면 오래 기억할 수 있어요.

더하기

■ 새로운 교수법

동영상으로 먼저 공부를 하고 나서 오프라인으로 강의실에서 교수님과 수업을 한다. 동영상에서 공부한 내용을 강의실에서 다시 확인하는 수업이다.

PBL(Problem based learning)은 학생들이 팀을 만들어 문제를 해결하여 결과를 발표하는 협력 수업이다. 대학에서 수업 시간에 팀별 활동으로 많이 하고 있다.

온라인(ZOOM)과 오프라인(강의실) 수업을 함께 하는 것으로 컴퓨터로 e-러닝 활동을 함께 하는 방법이다. 학생들이 같은 장소에 없어도 할 수 있는 수업 방법이다.

9과

기분과 감정

학습목표

🎈 향수병을 해결하는 방법을 추천할 수 있다.

🎈 친구와 화해하는 방법을 말할 수 있다.

생각해 보기

1. 부모님이나 친구가 보고 싶을 때 어떻게 해요?
2. 친구와 문제가 있을 때 어떻게 했어요?

어휘 및 표현

기대
설렘
향수병
그리움

행복해지다
편안해지다
불편해지다
기분이 좋아지다

기분과 감정

슬프다   외롭다
화가 나다 우울하다
짜증이 나다

여행을 가다
이야기를 하다
영상통화를 하다
같이 식사를 하다

듣고 말하기

페루즈: 유미 씨, 요즘 기분이 안 좋아 보여요. 무슨 일 있어요?

유   미: 요즘 가족 생각이 많이 나서 울고 싶어요. 그리고 우울해져요.

페루즈: 향수병에 걸린 것 같아요.

유   미: 향수병이요? 페루즈 씨도 향수병에 걸린 적이 있어요?

페루즈: 네, 한국에 온 지 2개월이 지나서 걸렸어요.

　　　　그래서 가족들과 영상통화를 자주 했어요.

유   미: 그러면 기분이 좋아져요?

페루즈: 네, 기분도 좋아지고 마음도 편해져요.

　　　　고향 친구하고 고향 음식도 먹으러 가 보세요.

유   미: 고마워요. 주말에 친구에게 전화해 봐야겠어요.

1. 요즘 유미의 기분은 어떻습니까?

2. 향수병에 걸렸을 때 페루즈는 무엇을 했습니까?

----

3. 여러분도 향수병에 걸린 적이 있습니까?

   우울하다   향수병에 걸리다   영상통화를 하다   기분이 좋아지다   마음이 편해지다

문법 1   -(으)ㄴ/는/(으)ㄹ 것 같다

✓ 의미

상황이나 사실을 바탕으로 어떤 일이 일어남을 추측할 때 사용한다.

✓ 형태

동사/ 형용사	받침○	-(으)ㄴ/는/ (으)ㄹ 것 같다	먹다	먹+-은 것 → 먹은/먹는/먹을 것 같다
			많다	많+-은 것 → 많은/많을 것 같다
	받침X	-(으)ㄴ/는/ㄹ 것 같다	오다	오+-ㄴ/는/ㄹ 것 → 온/오는/올 것 같다
			바쁘다	바쁘+-ㄴ/ㄹ 것 → 바쁜/바쁠 것 같다

예 1

◎ 라면이 없어요. 어젯밤에 동생이 라면을 다 먹은 것 같아요.
◎ 데이브 씨가 장학금을 못 받았어요. 지금 기분이 안 좋은 것 같아요.

예 2

가: 디아나 씨, 빗소리 들었어요? 지금 밖에 비가 오는 것 같아요.
나: 어, 어떻게 해요? 수산토 씨는 우산 가지고 왔어요?

더 재미있다   핸드폰 소리를 못 듣다   많이 실망하다   가족이 보고 싶다

1) 가: 페루즈 씨와 통화가 안 돼요. 전화를 안 받아요.

　나: 지금 샤워하고 있어서 <u>핸드폰 소리를 못 들</u>은 것 같아요. -(으)ㄴ 것 같다

2) 가: 설리 씨, 어느 책이 더 재미있어요?

　나: 그 책보다 이 책이 ＿＿＿＿＿＿＿＿＿＿＿＿＿＿＿＿＿＿＿. -는 것 같다

3) 가: 설리 씨가 다음 달에 고향에 가요.

　나: 설리 씨가 한국에 온 지 5년 됐어요. 고향에 있는 ＿＿＿＿＿＿＿. -(으)ㄹ 것 같다

4) 가: 수산토 씨가 쓰기 시험을 못 쳤어요?

　나: 네, 열심히 공부했는데 점수가 낮아서 ＿＿＿＿＿＿＿＿＿＿＿. -(으)ㄴ 것 같다

빗소리　　　실망하다

문법 2 -았/었/했으면 좋겠다

✓ 의미

현재의 희망이나 바람을 나타낼 때 사용한다.

✓ 형태

동사/ 형용사	ㅏ, ㅗ (○)	-았으면 좋겠다	가다	가+-았으면 좋겠다 → 갔으면 좋겠다
			작다	작+-았으면 좋겠다 → 작았으면 좋겠다
	ㅏ, ㅗ (X)	-었으면 좋겠다	먹다	먹+-었으면 좋겠다 → 먹었으면 좋겠다
			넓다	넓+-었으면 좋겠다 → 넓었으면 좋겠다
	하다	했으면 좋겠다	운동하다	운동하+-였으면 좋겠다 → 운동했으면 좋겠다
			한가하다	한가하+-였으면 좋겠다 → 한가했으면 좋겠다

예 1

◎ 기숙사 방이 넓었으면 좋겠어요.
◎ 한국 친구를 자주 만났으면 좋겠어요.

예 2

가: 부모님께서 한국에 오시면 뭐 하고 싶어요?
나: 제주도에서 맛있는 음식을 먹고 쉬었으면 좋겠어요.

행복하다	건강하다	화해하다
외식하다	빨리 낫다	시험이 쉽다

1) 어제 유미 씨가 병원에서 퇴원했어요. 이제 <u>건강했으면 좋겠어요</u>.

2) 지난 주에 페루즈 씨와 데이브 씨가 싸웠어요. 두 사람이 _____.

3) 중간 시험이 어려웠어요. 기말 _____.

4) 새해에도 우리 가족 모두 아프지 않고 _____.

5) 오늘은 배달음식을 먹기 싫어요. 밖에 나가서 _____.

6) 요즘 할머니께서 허리가 많이 아프세요. _____.

 화해하다   외식하다   낫다   퇴원하다   싸우다   배달음식

문법 3   -아/어/해지다

✓ 의미
어떤 영향으로 사람이나 사물의 상태가 바뀌는 것을 나타낼 때 사용한다.

✓ 형태

형용사	ㅏ,ㅗ(O)	-아지다	작다	작+-아지다 → 작아지다
	ㅏ,ㅗ(X)	-어지다	멋있다	멋있+-어지다 → 멋있어지다
	하다	해지다	따뜻하다	따뜻하+-여지다 → 따뜻해지다

예 1

◎ 아까 강의실이 더워서 에어컨을 켰어요.
  이제 시원해졌어요.
◎ 오후에 친구하고 영화를 보고 나서
  기분이 좋아졌어요.

예 2

가: 떡볶이가 아까보다 맛있어졌어요.
  뭐 넣었어요?
나: 고춧가루하고 설탕을 더 넣었어요.

연습

1) 학교 인터넷이 문제가 있어서 _____속도가 느려졌어요_____. (속도가 느리다)

2) 이 퀴즈를 잘 풀면 _____. (선물이 많다)

3) 새 신발이 불편했는데 매일 신으니까 _____. (발이 편하다)

4) 내일부터 _____. 옷을 따뜻하게 입고 가세요. (날씨가 춥다)

5) 다음 달에 졸업전시회가 있어요. 그래서 내일부터 _____. (많이 바쁘다)

6) 과제를 제출하고 나니까 _____. (마음이 편하다)

고춧가루   팀   속도가 느리다   설탕   퀴즈를 풀다   졸업전시회

활동 1

■ 다음을 읽고 물음에 답하십시오.

나의 첫 발표

나는 사람 만나는 것을 좋아합니다. 그런데 부끄러움이 많아서 사람들 앞에서 말을 잘 못합니다. 전공 수업 첫날에 처음으로 자기소개를 했습니다. 여러 나라에서 온 외국인 학생과 한국 학생들이 모두 나를 보고 있었습니다. 한국어 단어도 생각이 안 나고 떨렸습니다. 얼굴도 (㉠ 빨갛다) 머리도 (㉡ 하얗다). 실수를 많이 해서 창피했지만 친구들이 박수를 쳐 주었습니다. 그래서 기분이 좋아졌습니다. 다음에는 말하기 연습을 많이 해서 잘하고 싶습니다. 우리 과 친구들과 빨리 친해졌으면 좋겠습니다.

1️⃣ ㉠과 ㉡에 들어갈 알맞은 단어를 쓰십시오.

㉠:   ㉡:

2️⃣ 다음을 읽고 내용이 같은 것을 고르십시오.
① 나는 자기소개를 많이 해 봤습니다.
② 자기소개를 한 후에 학과 친구들과 친해졌습니다.
③ 부끄러워서 자기소개를 잘 못하고 실수도 했습니다.
④ 외국인 학생과 한국인 학생들이 같이 수업을 들을 수 없습니다.

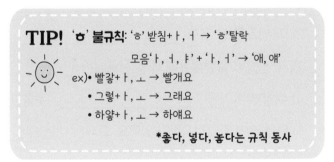

TIP! 'ㅎ' **불규칙:** 'ㅎ' 받침+ㅏ, ㅓ → 'ㅎ'탈락

모음'ㅏ, ㅓ, ㅑ'+'ㅏ, ㅓ' → '애, 얘'

ex)• 빨갛+ㅏ, ㅗ → 빨개요
• 그렇+ㅏ, ㅗ → 그래요
• 하얗+ㅏ, ㅗ → 하얘요

*좋다, 넣다, 놓다는 규칙 동사

부끄러움   생각이 나다   떨리다   빨갛다   하얗다   창피하다   박수를 치다

활동 2

 여러분은 가족이나 친구와 싸운 적이 있습니까? 싸웠을 때 기분이
어땠습니까? 싸운 후에 그 문제를 어떻게 해결했는지 이야기해 보십시오.

◎ 누구와 문제가 있었습니까?

◎ 어떤 문제가 있었습니까?

◎ 기분이 어땠습니까?

◎ 어떻게 화해했습니까?

◎ 지금은 잘 지내고 있습니까?

여러분은 유학을 와서 언제 가장 행복했습니까? 친구와 학교 생활, 학과 활동, 기숙사 생활을 하면서 가장 재미있었던 때가 언제입니까? 여러분의 '행복'에 대해서 써 보십시오.

◎ 언제 가장 행복했습니까?

◎ 누구와 같이 있었습니까?

◎ 기분이 어땠습니까?

◎ 행복할 때 무엇을 했습니까?

◎ 앞으로 그 사람들과 무엇을 하고 싶습니까?

확인 학습

1 알맞은 것을 골라 문장을 완성하십시오.

1) 말하기 시험에서 D 학점을 받아서 (기분/감정)이 안 좋았어요.

2) 동생은 (부끄러움/그리움)이 없어서 사람들에게 인사도 잘하고 말도 잘해요.

3) 룸메이트는 지난 학기에 유학 왔는데 (향수병/감기)에 걸려서 다시 고향으로 돌아갔어요.

4) 취업 시험에 또 떨어졌어요. 기분이 안 좋고 밤에 잠도 못 자요. (우울증/향수병)이

   생길 것 같아요.

5) 내일 친구가 나에게 생일선물을 줄 거예요. 나는 선물을 (기대/실망)을/를 하고 있어요.

2 <보기>에서 알맞은 것을 골라 쓰십시오.

설레다   경주 여행을 가다   화가 나다   짜증이 나다   영상통화를 하다

---

1) 오늘 개강일이에요. 어떤 친구들을 만날지 _____.

2) 친구와 같이 전주에 갔다 왔어요. 다음에는 _____.

3) 오늘은 일이 많아요. 그런데 날씨도 덥고 일이 잘 안 돼서 _____.

4) 어제 디아나 씨와 유미 씨가 싸웠어요. 그런데 오늘 _____고 서로 화해했어요.

5) 친구가 나에게 과제도 안 보내고 전화도 안 받아요.

   오늘 기말과제를 못 내서 나는 _____.

더하기

■ 성격 유형 검사

① 아기가 울기 시작했다

② 전화가 울렸다

③ 초인종이 울렸다

④ 목욕물을 틀어놓은 게 생각났다

(출처: https://lrl.kr/vOZs)

[재미있는 심리 테스트]
여기에 4가지 일이 있습니다.
당신은 어떤 일을 먼저 하고 어떤 일을
가장 늦게 하겠습니까? 먼저 할 일부터
순서대로 4가지를 써 보세요.

[의미]
① 우는 아이를 달랜다:
　　사랑을 가장 중요하게 생각함
② 전화를 받는다:
　　일을 가장 중요하게 생각함
③ 누가 왔는지 확인한다:
　　친구를 가장 중요하게 생각함
④ 목욕물을 끄러간다:
　　돈을 가장 중요하게 생각함

[결과]
인생에서 가장 중요한 순위를 뜻함
ex) ④ 돈 → ③ 친구 → ② 일 → ① 사랑

MBTI 성격 유형 검사는 사람의 성격을 알아보는 검사예요. 여러분도 사이트에 들어가서 검사해 보세요. https://www.16personalities.com/ko

E	S	T	J
Extraversion 외향성	Sensing 감각	Thinking 사고	Judging 판단
I	N	F	P
Introversion 내향성	Intuition 직관	Feeling 감정	Perceiving 인식

▶ 분석가형: INTJ, INTF, ENTJ, ENTP
▶ 외교관형: INFJ, INFP, ENFJ, ENFP
▶ 관리자형: ISTJ, ISFJ,ESTJ, ESFJ
▶ 탐험가형: ISTP, ISFP, ESTP, ESFP

(출처: https://www.16personalities.com/ko)

축제

학습목표

🎈 축제 프로그램을 듣고 이해할 수 있다.

🎈 지역 축제에 대한 글을 읽고 이해할 수 있다.

생각해 보기

1. 대학교 축제에서 뭐 하고 싶어요?
2. 지역 축제 중에서 어떤 축제를 알고 있어요?

어휘 및 표현

대학교 축제
지역 축제
세계 축제

주점
댄스 공연
K-팝 가요제
동아리 전시회

축제

축제 기간
축제 장소
참가비
행사 내용

관람객
입장객
개막하다
폐막하다

듣고 말하기

수산토: 설리 씨, 5월에 우리 학교 축제하는 거 알아요?

유명한 가수도 올 거예요.

설　　리: 정말이요? 신나요. 축제하면 뭐 해요?

수산토: 가수 공연도 있고, 게임도 하고 학과나 동아리에서 음식도 팔아요.

설　　리: 학생이 참가하는 행사가 있어요?

수산토: 네, 댄스 대회나 노래 대회가 있어요.

참가하고 싶은 학생은 누구나 참가할 수 있어요.

설　　리: 수산토 씨도 행사에 참가한 적이 있어요?

수산토: 네, 댄스 대회에 나간 적이 있어요. 2등을 했어요.

설　　리: 와, 대단해요. 이번에도 참가할 거예요?

수산토: 네, 이번에도 친구들하고 같이 참가하려고 해요.

아, 저녁에 공연하면 보러 갈 거지요?

설　　리: 네, 갈 거예요. 축제가 정말 재미있겠어요.

1. 5월에 우리 학교에서 어떤 행사가 있습니까?

2. 수산토는 올해 축제 때 무엇을 하려고 합니까?

----

3. 여러분은 대학 축제 행사에서 어떤 행사에 참여하고 싶습니까?

참여하다　　행사　　참가하다　　대회에 나가다

문법 1   -아/어/해서

✓ **의미**

① 시간적으로 선후 관계를 나타낼 때 사용한다.

② 이유나 근거를 나타낼 때 사용한다.

✓ **형태**

동사/ 형용사	ㅏ, ㅗ(O)	-아서	오다	오+-아서 → 와서
	ㅏ, ㅗ(X)	-어서	만들다	만들+-어서 → 만들어서
	하다	해서	유명하다	유명하+-여서 → 유명해서

(**예 1**)

◎ 지역축제 때 자원봉사자들이 가서 도와 줘요.

　학교축제 때 저는 고향 음식을 만들어서 팔 거예요.

◎ 공연장에 관람객이 많이 와서 차가 막혀요.

　부산 불꽃축제가 유명해서 광안리에 놀러 가는 사람이 많아요.

(**예 2**)

◎ 가: 디아나 씨, 가수 사인을 받았어요?

　나: 아니요, 조금 전에 가수가 도착해서 지금 노래하고 있어요.

　　　나중에 사인 받으러 같이 가요.

◎ 가: 친구들이 만든 축제 음식은 어때요?

　나: 싸고 맛있어서 괜찮아요.

자원봉사자　　관람객　　불꽃축제　　광안리　　사인을 받다

1) 입장표는 _____ 받으면 돼요. (학과 사무실에 가다)

2) 1시에 _____ 공연장으로 같이 가요. (카페에서 만나다)

3) 영화제는 _____ 2주 후에 폐막할 거예요. (오늘 개막하다)

1) _____ 다리가 아파요.
　　　　　　　(오늘 많이 걷다)

2) 저 아이돌 가수는 노래도 잘하고_____ 인기가 많은 것 같아요.
　　　　　　　　　　　　　　(한국어를 잘하다)

3) 우리학교 _____ 내년에는 다른 학교 친구를 초대하고 싶어요.
　　　　　　(축제가 재미있다)

문법 2   -겠-

✓ 의미
미래 일이나 추측을 나타낼 때 사용한다.

✓ 형태

동사/ 형용사	받침○	받다	-겠-	받+-겠- → 받겠다
		춥다		춥+-겠- → 춥겠다
	받침X	오다		오+-겠- → 오겠다
		고프다		고프+-겠- → 고프겠다

예 1

◎ 지금 출발하면 밤에 도착하겠어요. 빨리 출발하세요.
◎ 오늘은 날씨가 맑겠습니다. 즐거운 하루 보내세요.

예 2

가: 11월인데 추워요. 12월이면 더 춥겠지요?
나: 네, 12월이면 많이 추울 것 같아요.

1) 페루즈 씨는 열심히 공부했으니까 _____. (토픽 4급을 받다)

2) 데이브 씨가 점심밥을 조금 먹었어요. 지금은 _____. (배가 고프다)

3) 오늘 집에 일찍 갑시다. 영화 개막식 때문에 _____. (시내가 복잡하다)

4) 가: 주말에 비가 올 거예요.

　　나: 비가 오면 _____. (관람객이 없다)

5) 가: 말하기 대회 참가 비용은 싸요?

　　나: 아니요, 비싸요. 그래서 _____. (신청자가 적다)

6) 가: 체험 활동이 정말 재미있을 것 같아요. 인기가 많을 것 같아요.

　　나: 맞아요. 오늘 _____. (문의 전화가 많이 오다)

출발하다　　도착하다　　영화개막식　　시내가 복잡하다　　신청자　　문의 전화

문법 3   -(으)려고 하다

✓ 의미
계획이나 의지를 나타낼 때 사용한다.

✓ 형태

동사	받침○	찍다	-으려고 하다	찍+-으려고 하다 → 찍으려고 하다
	받침X	쉬다	-려고 하다	쉬+-려고 하다 → 쉬려고 하다

예 1

◎ 폐막식을 마치고 단체 사진을 찍으려고 해요. 우리 같이 찍어요.
◎ 강의를 마치고 친구와 같이 마트에서 장을 보려고 해요.

예 2

가: 학과 선배들하고 축제 때 뭐 할 거예요?
나: 음식점을 열려고 해요. 꼭 먹으러 오세요.

부산에서 놀다　　　　　　창문을 닫다　　　　　　노래자랑에 나가다

깨끗하게 청소하다　　　불꽃놀이를 시작하다　　　프로그램을 만들다

1) 빨리 오세요. 이제 <u>불꽃놀이를 시작하려고 해요</u>. 늦으면 못 봐요.

2) 밖에 음악 소리가 너무 커요. 그래서 _____.

3) 전국노래자랑이 열려요. 그래서 친구와 같이 _____.

4) 부산에서 K-팝 가요제가 있어서_____.

5) 축제가 다 끝났어요. 지금부터 학교 운동장을 _____.

6) 작년 나비 축제도 재미있었어요. 올해는 더 재미있는 _____.

　폐막식　　단체사진　　음식점을 열다　　전국노래자랑

활동1

■ 다음을 읽고 물음에 답하십시오.

한국의 축제를 알아요?

　한국의 축제는 꽃, 영화, 음식, 음악 축제도 있고 전통문화 축제도 있어요. 서울 여의도와 진해시의 벚꽃 축제는 봄에 열리고 함안 나비 축제와 금산 인삼 축제는 여름에 열려요. 그리고 진주 유등 축제와 세계 김치 축제는 가을에 열리고 눈 축제는 겨울에 열려요. 부산 불꽃 축제는 아주 유명해서 사람들이 축제를 보러 11월에 광안리에 많이 와요. 진주 유등 축제는 10월에 남강에서 열리는데 여러 가지 색깔의 등이 정말 아름다워요. 축제 장소에는 맛있는 음식과 신나는 음악이 있어서 더 재미있어요. 축제는 하루에서 한 달 동안 밤낮으로 열리니까 친구와 가족과 함께 가서 구경해 보세요.

1. 다음을 읽고 맞으면 O, 틀리면 X 하십시오.

(1) 꽃 축제는 봄하고 여름에도 열려요. (　　)

(2) 김치 축제는 겨울에 열릴 거예요. (　　)

(3) 남강의 유등은 정말 아름다워요. (　　)

2. 다음을 읽고 내용이 다른 것을 고르십시오.

① 축제는 낮에만 열려요.
② 한국의 축제는 계절마다 달라요.
③ 축제는 서울, 부산, 진주 등에서 열려요.
④ 축제에서 꽃을 보고 음식도 먹을 수 있어요.

| 서울 여의도 | 진해시 | 벚꽃 | 함안 나비 축제 |
| 금산 인삼 축제 | 진주 유등 축제 | 부산 불꽃 축제 | 신나다 |

활동 2

여러분은 대학교 축제 때 어디에서 무엇을 할 겁니까?
대학교 축제 프로그램에서 여러분이 참여하고 싶은 프로그램을 말해 보십시오.
왜 그 프로그램에 참여하고 싶은지 말해 보십시오.

◎ 축제 이름: 미래 페스티벌(MILAE FESTIVAL)
◎ 축제 기간: 5월 16일(수)~18일(금), 오후 수업 이후
◎ 축제 장소: 우리학교 대운동장
◎ 축제 일정 및 행사 프로그램
    - 16일(수): 개막식, 동아리 공연, 가요제, 초대 가수 공연
    - 17일(목): 유학생 가요제, 댄스 대회 및 DJ 파티
    - 18일(금): 세계 민속춤 공연, 초대 가수 공연, 폐막식
◎ 축제 부스
    - 학과 부스
    - 푸드트럭: 떡볶이 세트, 닭꼬치, 핫도그, 커피와 차
#5월 #대학 축제 #MILAE UNIV #놀러와 우리학교
#미래대학교 축제

여러분 학교는 언제 축제를 합니까? 어떤 프로그램이 있습니까?
우리 학교 축제 프로그램을 알아 보고 여러분이 참여하고 싶은 프로그램과
만들고 싶은 프로그램에 대해서 써 보십시오.

◎ 축제 이름

◎ 축제 기간

◎ 축제 장소

◎ 축제 프로그램

◎ 참여하고 싶은 프로그램과 만들고 싶은 프로그램

확인 학습

1 알맞은 것을 골라 연결하십시오.

1) 그날에 할 일, 스케줄 •   • 가) 일정

2) 행사 건물 안으로 들어가는 손님 •   • 나) 관람객

3) 모임이나 단체 또는 일을 할 때 쓰는 돈 •   • 다) 입장객

4) 목적이나 계획을 가지고 하는 일, 이벤트 •   • 라) 참가 비용

5) 연극, 영화, 운동 경기 등을 구경하는 손님 •   • 마) 행사

2 <보기>에서 알맞은 것을 골라 문장을 완성하십시오.

초대하다   참석하다   폐막하다   개막하다   참여하다

1) 안동 국제탈춤축제가 한 달 동안 열렸어요. 내일 ＿＿＿＿＿＿＿＿＿＿＿＿＿.

2) 올해 프로그램은 가족과 아이들이 함께 ＿＿＿＿＿＿＿＿＿＿＿＿＿.

3) 내년 공연은 3월 30일에 ＿＿＿＿＿＿＿＿＿＿＿＿＿.

4) 수산토 씨가 우리 학과 대표로 학교 회의에 ＿＿＿＿＿＿＿＿＿＿＿＿＿.

5) 내 생일에 친구를 우리집에 ＿＿＿＿＿＿＿＿＿＿＿＿＿ 파티를 했어요.

스케줄   손님   이벤트   국제 탈춤 축제

더하기

■ 세계 이색 축제

대만 등불 축제

세계 최대 규모의 '대만 등불 축제'는 음력 1월 15일 대보름에 대만 중부에서 열린다. 사람들은 종이등에 소원을 적어 밤하늘에 날려 보내면 소원을 들어준다고 믿어왔다. 그리고 해마다 그 해의 동물 모양의 큰 등을 제작한다.

퀘벡 겨울 축제

퀘벡 겨울 축제는 눈의 도시 퀘벡에서 매해 1월 말부터 2월 초까지 열리는 북아메리카의 최대 윈터 카니발이다. 개막식과 폐막식은 얼음 궁전에서 열리며 얼음 조각 시연, 개썰매 행렬, 스케이트 경주가 열린다. 밤에는 아름다운 오색 전구로 화려하다.

브라질 삼바 축제

삼바의 본고장인 리우데자네이루와 상파울루시 등에서 열린다. 카니발 경연 대회는 전용경기장에서 카니발 행진을 펼친다. 경연팀은 팀당 최대 5천여 명이 함께 행진한다. 며칠 동안 거리 곳곳에서 삼바 음악과 관광객들이 함께 춤을 춘다.

11과

발표

학습목표

🎈 과제 발표를 준비할 수 있다.

🎈 발표에 관련된 표현을 익혀 사용할 수 있다.

생각해 보기

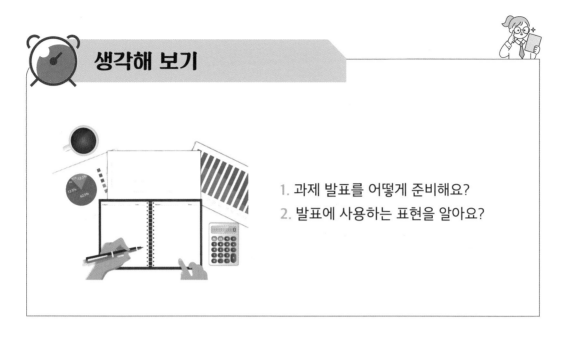

1. 과제 발표를 어떻게 준비해요?
2. 발표에 사용하는 표현을 알아요?

어휘 및 표현

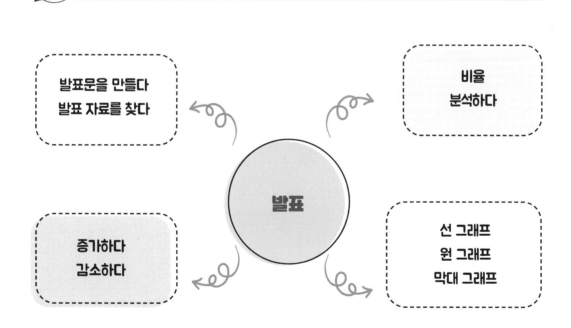

발표문을 만들다
발표 자료를 찾다

비율
분석하다

발표

증가하다
감소하다

선 그래프
원 그래프
막대 그래프

듣고 말하기

데이브: 안녕하세요. 오늘 발표를 하게 된 데이브라고 합니다.

지금부터 '나의 미래 계획'에 대해 발표하겠습니다.

먼저, 매달 책 다섯 권을 읽으려고 합니다.

다음으로 저는 올해 한국 여행을 하려고 합니다.

마지막으로 졸업 전까지 한국어능력시험 6급도 도전해 보고 싶습니다.

이상으로 발표를 마치겠습니다.

질문이 있으신 분은 말씀해주십시오.

1. 데이브는 올해 무엇을 하고 싶어 합니까?

2. 데이브는 졸업 전에 무엇을 하고 싶어 합니까?

----

3. 발표하고 싶은 주제에 대해 이야기해 봅시다.

미래 계획   도전하다   정상

문법 1   -에 대해 발표하겠습니다

✓ 의미

발표의 시작 단계에서 발표의 주제를 소개할 때 사용한다.

예

◎ 저는 오늘 발표를 맡은 설리입니다.
지금부터 생활 속의 건강에 대해 발표하겠습니다.

연습 빈칸을 채워 여러분의 '유학 생활 계획'에 대한 발표의 시작 부분을 써 보십시오.

◎ 안녕하세요, 저는 _____학과
  _____학번 _____라고 합니다.
지금부터 _____에 대해 발표
하겠습니다.

TIP! • _____에 대해 소개하겠습니다.
• 지금부터_____에 대해 설명하겠습니다.
• 저는 오늘_____에 대한 발표를 하려고 합니다.

 소개하다

문법 2　　먼저, 다음으로, 마지막으로

✓ 의미
발표의 중간 단계에서 내용을 나열할 때 사용한다.

예

일상 속의 작은 건강

◎ 일상에서 실천할 수 있는 건강한 생활 습관을
　소개하겠습니다.
　먼저 반드시 아침밥을 먹는 것입니다.
　다음으로 계단을 사용하는 것입니다.
　마지막으로 잠을 늦게 자지 않는 것입니다.

 여러분이 유학 생활 중에 하고 싶은 일을 생각해 보고 아래의 빈칸에 써 보십시오.

유학 생활 중에 제가 하고 싶은 일들을 소개하겠습니다.

먼저 _____

_____

다음으로 _____

마지막으로 _____

　나열하다　　실천하다　　습관

문법 3　　　　　이상으로 발표를 마치겠습니다

✓ 의미
발표를 마무리할 때 사용한다.

> **예**

이상으로 발표를
마치겠습니다.
감사합니다.

◎ 이상으로 발표를 마치겠습니다. 감사합니다.
　 질문이 있으신 분은 질문해 주시기 바랍니다.

> **연습**　'유학 생활 계획'에 대한 발표의 마무리를 써 보십시오.

이상으로_____에 대한 발표를 마치겠습니다.

_____

_____

감사합니다.

 마무리하다

활동1

■ 앞의 쓴 내용을 바탕으로 발표문의 개요를 작성해 보십시오.

주제
유학 생활 계획

소주제 1	소주제 2	소주제 3
유학 중에 하고 싶은 일		

내용 1	내용 2	내용 3

마무리

활동2

 작성한 개요를 바탕으로 발표를 해 보십시오.

나의 유학 생활 계획 ○○○○학과 ○○학번	안녕하세요. 저는_____학과 _____학번_____라고 합니다. 지금부터 저의 유학 생활 계획에 대해 발표하겠습니다.
유학 중에 하고 싶은 일 1._____ 2._____	먼저 제가 유학 중에 하고 싶은 일을 소개하겠습니다.
-------------------	다음으로, 마지막으로
이상으로 발표를 마치겠습니다.	이상으로 저의 발표를 마치겠습니다. 감사합니다. 질문이 있으신 분은 편하게 말씀해 주십시오.

★ 그래프를 사용하면 발표의 내용을 더 쉽게 설명할 수 있습니다.
발표에서 쓸 수 있는 그래프로 무엇이 있는지 알아 봅시다.

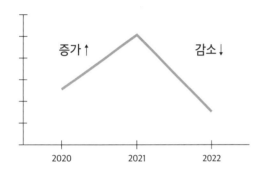

선 그래프는 시간에 따라서 어떤 것이
변화하는지를 보여줄 때 쓰면 좋아요.

막대 그래프는 어떤 것의 크기가 크고
작은지 한 눈에 알 수 있어요.

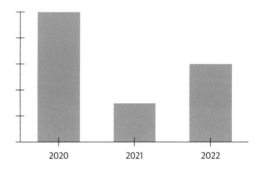

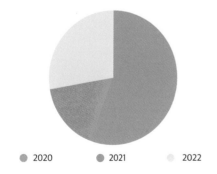

원 그래프는 어떤 것이 비율이 크고 작은지
쉽게 알 수 있어요.

더하기

■ 발표 자료 만들 때 유용한 도구

 마이크로소프트 파워포인트

 캔바

 미리캔버스

 망고보드

🖥 키노트

12과

시험과 성적

학습목표

🎈 기말시험 일정을 듣고 이해할 수 있다.

🎈 성적평가 방법을 이해할 수 있다.

생각해 보기

기말 시험 안내

1. 이번 학기 기말시험 일정과 시험범위를 알고 있어요?
2. 이번 학기에 듣고 있는 수업의 성적평가 방법을 알고 있어요?

어휘 및 표현

시험 범위
시험 장소
시험 날짜
시험성적

출결
과제물
학점관리
수업 참여도

시험과 성적

P/NP
성적 평가
절대평가
상대평가

성적 조회
강의 평가
성적 열람
성적 이의 신청

듣고 말하기

교수님: 여러분, 오늘은 기말고사 일정과 범위를 설명하려고 해요.

페루즈: 네, 교수님. 수업을 듣다가 보니까 시간이 정말 빨리 지나간 것 같아요.

교수님: 나도 그렇게 생각해요. 기말시험은 15주차 수업 시간에 치려고 해요.
강의실은 A동 102호예요. 그리고 시험 범위는 7과에서 12과까지예요.
수업 시간에 배운 부분을 시험에 낼 거예요. 열심히 공부하도록 하세요.

페루즈: 교수님, 시험문제는 모두 몇 문제예요?

교수님: 시험문제는 5문제이고 모두 서술식이에요. 1시간 동안 시험을 칠 거예요.
그리고 여러분, 다음 주는 보강이 있어요. 시험에 나오는 부분을 같이
확인할 거니까 수업에 꼭 참여하도록 하세요.

페루즈: 네, 교수님. 기말고사는 성적평가에서 몇 퍼센트예요?

교수님: 기말고사는 30%예요. 여러분, 성적평가 방법을 다음 시간에
설명해 줄게요.

1. 교수님은 오늘 무엇을 알려 줍니까?

2. 시험 범위는 어떻게 됩니까?

- -

3. 여러분은 시험 준비를 어떻게 합니까?

서술식　　　보강

문법 1   -다가 보니까

✓ 의미

앞 문장의 행동을 지속적으로 계속한 후 뒤 문장에 그에 따른 결과나 상황의 의미를 나타낸다.

✓ 형태

동사	받침○	-다가 보니까	먹다	먹+-다가 보니까 → 먹다가 보니까
	받침X		배우다	배우+-다가 보니까 → 배우다가 보니까

예 1

◎ 매일 한국 노래를 자주 듣다가 보니까 한국어를 잘 하게 되었어요.

◎ 열심히 기말고사를 준비하다가 보니까 시간이 빠르게 지나갑니다.

예 2

가: 디아나, 어떻게 한국 생활 콘텐츠를 만들게 되었어요?

나: 취미로 동영상을 찍다가 보니까 한국 생활 콘텐츠까지 만들게 되었어요.

1) 가: 그 어려운 댄스 동작을 어떻게 다 알아요?

나: 처음에는 저도 댄스 동작을 몰랐는데_____알게 되었어요.
　　　　　　　　　　　　　　　　(반복해서 연습을 하다)

2) 가: 설리 씨는 요즘 유행하는 한국어를 많이 알고 있네요.

나: 네, 제가 한국 예능 프로그램에_____많이 알게 되었어요.
　　　　　　　　　　　　　　(관심을 가지다)

3) 가: 데이브 씨는 한국어도 잘하지만 부산 사투리도 잘 하네요.

나: 네, 부산에서 10년 정도_____부산 사투리도 잘 하게 되었어요.
　　　　　　　　　　　　(살다)

4) 가: 페루즈, 발표를 아주 잘 했어요. 어떻게 그렇게 발표를 잘 해요?

나: 감사합니다. 교수님. 다른 수업에서도_____익숙해졌어요.
　　　　　　　　　　　　　　(자주 발표를 하다)

 동영상을 찍다　　콘텐츠를 만들다　　예능 프로그램

문법 2   -아/어/해야겠다

✓ 의미
어떤 행위나 상황에 대한 의지를 나타낼 때 사용한다.

✓ 형태

동사	ㅏ, ㅗ(O)	-아야겠다	사다	사다 + -아야겠다 → 사야겠다
	ㅏ, ㅗ(X)	-어야겠다	빌리다	빌리다 + -어야겠다 → 빌려야겠다
	하다	해야겠다	청소하다	청소하다 + 해야겠다 → 청소해야겠다

예 1

◎ 모르는 단어나 표현이 있으면 웹사전을 찾아야겠어요.
◎ 수업계획서의 성적평가 방법을 확인해야겠어요.

예 2

가: 데이브 씨, 이 부분 잘 이해돼요?
나: 잘 모르겠어요. 책에서 찾아봐야겠어요.

1) 가: 유미 씨, 이번 여름휴가 계획은 세웠어요?

　　나: 아니요, 시간이 없어서 아직 계획을 못 세웠어요. 퇴근한 후에＿＿＿＿＿＿＿＿.

　　　　　　　　　　　　　　　　　　　　　　　　　　　　(휴가 계획을 짜다)

2) 가: 페루즈, 기말과제는 어디에 내는 거예요?

　　나: 나도 잊어버렸어요. e-class에 있으니까＿＿＿＿＿＿＿＿＿＿＿＿.

　　　　　　　　　　　　　　　　　　　　(확인하다)

3) 가: 요즘도 운동을 하고 있어요?

　　나: 아니요, 요즘은 운동을 거의 못 했어요. 오늘부터 하루 30분 정도＿＿＿＿＿.

　　　　　　　　　　　　　　　　　　　　　　　　　　　　(걷다)

4) 가: 페루즈, 다음 주에 '한국과 한국 문화' 수업에서 발표하지요? 준비는 다 했어요?

　　나: 네, 준비는 다 했어요. 그렇지만 긴장이 돼서 매일 반복해서＿＿＿＿＿＿＿.

　　　　　　　　　　　　　　　　　　　　　　　　　(연습하다)

계획을 짜다　　　과제를 내다　　　잊어버리다　　　긴장이 되다

문법 3   -도록 하다

✓ 의미

부드러운 명령의 의미를 나타낼 때 사용한다.

✓ 형태

동사	받침○	-도록 하다	열다	열+-도록 하다 → 열도록 하다
	받침X		치다	치+-도록 하다 → 치도록 하다

예 1

◎ 요즘 감기가 유행이에요. 손을 매일 깨끗하게 씻도록 하세요.

◎ 이제 곧 기말시험이니까 시험 준비를 잘 하도록 하세요.

예 2

가: 유미 씨, 동아리방에서 나갈 때는 문을 닫도록 하세요.

나: 알겠어요. 조심할게요.

연습

웃다　　문제를 풀다　　긴장하지 않다　　지키다　　예매하다　　여쭤보다
---

1) 여러분, 동작을 조금 틀리는 건 괜찮으니까 _____.

2) 기말시험 날짜와 시간, 강의실을 교수님께 자세하게 _____.

3) 시험을 칠 때는 서두르지 말고 천천히 _____.

4) 기숙사는 밤에 12시까지 들어와야 해요. 통금 시간을 잘 _____.

5) 방학에는 외국에 가는 사람이 많아요. 그러니까 비행기표는 미리_____.

6) 유학 생활이 힘들어도 자주 _____.

　　웃으면 기분도 좋아지고 건강도 좋아질 거예요.

 긴장하지 않다　　서두르다

활동1

■ 다음은 '성적평가 방법'에 대한 대화입니다. 물음에 답하십시오.

교수님: 자, 여러분. 이제 성적평가 방법을 설명할 거예요. 잘 들으세요.

학생들: 네, 교수님. 알겠습니다.

교수님: 이번 학기 성적평가는 중간시험 25%, 기말시험 25%, 수업 참여도 10%, 발표 10%, 과제 20%, 출석 10%예요. 시험은 중간시험과 기말시험이 있어요.

디아나: 교수님, 수업 참여도를 조금 더 설명해 주세요.

교수님: 네, 수업 참여도는 수업 시간에 학생이 질문을 하는 것과 내가 학생들에게 질문을 한 후에 대답하는 거예요. 그리고 수업 시간에 토론할 때 열심히 참여하는 거예요.

유　미: 교수님, 발표는 혼자 하는 거예요?

교수님: 발표는 팀으로 할 거예요. 4명이 한 팀이 되어서 10분 정도 발표를 해요.

페루즈: 교수님, 과제도 조금 더 설명해 주세요.

교수님: 과제는 주제에 맞는 쓰기예요. 600~700자로 간단하게 쓰면 돼요. 과제는 e-class로 내야 해요.

1 이번 학기 성적평가 방법은 무엇입니까?

2 수업 참여도는 어떻게 평가합니까?

3 위의 내용과 맞지 <u>않는</u> 것을 고르십시오.

① 성적평가에 기말시험은 들어가지 않는다.

② 발표는 개인으로 하지 않고 팀으로 한다.

③ 과제는 주제에 맞는 쓰기로 e-class로 제출한다.

④ 수업 참여도는 질문에 열심히 대답하는 것이 들어간다.

 토론하다　　주제

활동 2

 여러분은 교수님께 이번 학기 성적에 질문이 있어 메일을 보내려고 합니다. 교수님께 예의 있게 메일을 써 보십시오.

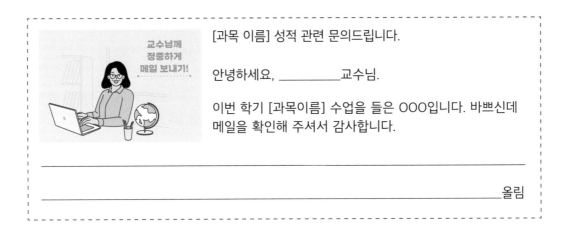

[과목 이름] 성적 관련 문의드립니다.

안녕하세요, ＿＿＿＿＿＿＿＿교수님.

이번 학기 [과목이름] 수업을 들은 OOO입니다. 바쁘신데 메일을 확인해 주셔서 감사합니다.

＿＿＿＿＿＿＿＿＿＿＿＿＿＿＿＿＿＿＿＿＿＿＿＿＿＿＿

＿＿＿＿＿＿＿＿＿＿＿＿＿＿＿＿＿＿＿＿＿＿＿＿올림

 다음은 교수님께 성적 이의 신청 메일 보내는 방법과 일부 내용입니다. 잘 읽고 생각해 봅시다.

교수님께 성적이의신청 메일 보내는 법

자신이 누구인지 정확히 밝히기
메일 제목을 보낼 때,
ex. 교수님 저는 20XX******(학번) 경영학과 ○○수업을 듣는 ○○○학생입니다.

메일 보내는 이유 말하기
출석, 과제, 시험, 수업 참여를 열심히 했습니다. 제 생각보다 성적이 낮아서 연락드렸습니다.

다음 학기에 더 열심히 하고 싶습니다. 그래서 이번 학기 부족한 부분을 알고 싶습니다.

끝인사로 마무리하기
ex. 바쁘신 와중에 메일 확인해 주셔서 감사합니다. 한 학기 동안 교수님 수업 정말 열심히 들었습니다. 한 학기 동안 가르쳐주셔서 정말 감사합니다.

신경써야 할 부분
1. 오타는 없는가?
2. 메일 보내는 시간이 적절한가?
3. 격식을 제대로 차렸는가?(친구한테 보내는 듯한 말투 X)

확인 학습

1 알맞은 것을 골라 연결하십시오.

1) 성적을 보는 것 • • 가) 강의 평가

2) 교수님 수업을 평가하는 것 • • 나) 성적 열람

3) 학점을 관리하는 것 • • 다) 학점 관리

4) 통과나 미통과 • • 라) 출결

5) 조퇴, 지각, 결석 등의 출석 상황 • • 마) P/NP

2 <보기>에서 알맞은 것을 골라 쓰십시오.

> 시험 범위   상대평가   성적 조회   시험 장소   과제

1) 기말시험 범위는 알고 있는데 _____가 어디인지 잘 모른다.

2) 오늘부터 성적을 확인할 수 있는 _____기간이다.

3) 오늘 밤 12시까지 교수님 메일로 _____를 보내야 한다.

4) 이번 학기 '한국 사회' 과목은 평가방법이 절대평가가 아니고 _____이다.

5) 이번 기말고사 _____를 교수님께 여쭤 봤다. 교수님께서 8과부터

13과까지라고 하셨다.

더하기

■ 성적 확인 방법

시험이 끝나고 성적을
확인한다.

학교 포털 사이트에
로그인을 한다.

학번과 비밀번호로 로그인을
하고 학사시스템에 접속한다.

이번 학기 수업의
강의평가를 한다.

성적을 확인한다.

※ 반드시 강의평가를 해야
성적을 확인할 수 있다.

1과

문법

문법 1 -(으)ㄴ 지

연습

1) 음악을 들은 지
2) 커피를 마신 지
3) 자리에 앉은 지
4) 고향 음식을 먹은 지
5) 영화가 시작한 지
6) 수지 씨를 만난 지

문법 2 -고 싶다

연습

1) 한국 문화를 경험하고 싶어요

2) 새로운 친구를 사귀고 싶어요
3) 교환 학생을 가고 싶어요
4) 선배들과 친하고 싶어요
5) 영어를 배우고 싶어요
6) 기말시험을 잘 보고 싶어요

문법 3 -(으)려고

연습

1) 한국어 통역사가 되려고
2) 교수님을 만나려고
3) 교수님 말을 잊지 않으려고
4) 전공 수업을 들으려고

활동 1

1. ②
2. ②

확인학습

1. 알맞은 것을 골라 문장을 완성하십시오.

1) 학번
2) 학부생
3) 편입생
4) 엠티
5) 과제

2. 알맞은 것을 골라 문장을 완성하십시오.

1) 신입생
2) 교환학생
3) 신입생 O.T
4) 학생증
5) 전공

2과

문법

문법1 -아/어/해야 되다/하다

연습

1) 재수강해야 돼요/해요
2) 강의실을 옮겨야 돼요/해요
3) 교양 과목을 들어야 돼요/해요
4) 수강 신청을 해야 돼요/해요
5) 발표 준비를 끝내야 돼요/해요
6) 글자 크기를 10pt로 맞춰야 돼요/해요

문법2 -(으)면 되다/ 안 되다

연습

1) 전자 출석 앱을 사용하면 돼요

2) 수강 신청 기간에 하면 돼요
3) 수강 신청을 정정하면 돼요
4) 다음 학기에 들으면 안 돼요

문법3 -(으)ㄹ 수 있다/없다

연습

1) 수강 신청을 할 수 있어요.
2) 수강 변경을 할 수 있어요.
3) 수강 취소할 수 있어요.
4) 수강 취소를 할 수 없어요.

활동 1

1. 1) X 2) O 3) X
2. ②

확인학습

1. 알맞은 것을 골라 연결하십시오.

1) 직접 얼굴을 보고 수업해요.
2) 전공과목 중에 꼭 들어야 하는 과목이에요.
3) 교양 과목 중에서 선택해서 들을 수 있어요.
4) 수강 신청한 과목의 수업계획이 설명되어 있어요.
5) 대학에서 학생이 들어야 하는 수업의 양을 계산한 것이에요.

가) 학점
나) 교양선택
다) 전공필수
라) 대면 수업
마) 수업계획서

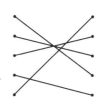

2. 알맞은 것을 골라 문장을 완성하십시오.

1) 학습관리시스템(LMS)은
2) 전자출결
3) 온라인 수업으로
4) 필수과목
5) 수강정정 기간

3과

문법

문법1 -고

연습 1

1) 카페가 멋있고
2) 방이 크고
3) 밥을 먹고
4) 강의실은 3층이고

연습 2

1) 샤워하고
2) 엘리베이터를 타고
3) 유학 준비를 마치고
4) 한국어 수업을 신청하고

문법2 -(으)면

연습 1

1) 약을 먹으면

2) 어려우면

연습 2

1) 아침에 일어나면
2) 모임이 있으면

문법3 -(으)ㄹ 거예요

연습 1

1) 늦게 시작할 거예요
2) 환영회를 준비할 거예요
3) 신청기간일 거예요

연습 2

1) 말씀을 잘 들을 거예요
2) 밤샘 공부할 거예요
3) 버스를 타고 갈 거예요

활동 1

1. 1) O 2) O 3) O
2. ④

확인학습

1. 알맞은 것을 골라 연결하십시오.

1) 한두 번 특별한 주제로 하는 강의
2) 밤에 잠을 자지 않고 공부해요.
3) 정해진 시간에 짧은 거리를 다니는 버스
4) 앞 강의와 뒤 강의 사이에 수업이 없어요.
5) 경제적으로 어렵거나 공부를 잘하는 학생에게 주는 돈

가) 공강
나) 특강
다) 장학금
라) 셔틀버스
마) 밤샘 공부

2. 알맞은 것을 골라 문장을 완성하십시오.

1) 강의
2) 장학금
3) 공강

4) 셔틀버스
5) 특강

4과

문법

문법1 - (으)러 가다/오다

연습

1) 한라산을 등산하러
2) 비자를 받으러
3) 돈을 찾으러
4) 교수님을 만나러

문법2 -아/어/해 보다

연습

1) 김치를 담가 봤어요
2) 한복을 입어 봤어요
3) 아르바이트를 해 봤어요
4) 시간제로 일해 봤어요
5) 외국어를 배워 봤어요
6) K-팝 댄스를 춰 봤어요

문법3 -아/어/해 본 적이 있다/없다

연습

1) 봉사 활동을 해 본 적이 있어요
2) 교재를 예약해 본 적이 있어요
3) 상을 타 본 적이 있어요
4) 인턴사원 지원서를 써 본 적이 있어요
5) 선배와 상담해 본 적이 있어요
6) 스포츠대회에 나가 본 적이 없어요

활동 1

1. ③
2. 여러 가지 치킨을 먹고 회사와 이름을 맞춰 봐요.
   매주 금요일에 파티를 열어요.
   외국인에게 한복의 아름다움을 알려요.
   한국이나 외국에서 열기구를 타요.

확인학습

1. 알맞은 것을 골라 연결하십시오.

1) 본래의 직업이 아니고 잠깐 하는 일
2) 같은 취미를 가지고 모인 모임이나 그룹
3) 몇 시간 동안만 일하는 방식이나 그런 일
4) 돈을 받지 않고 내가 하고 싶어서 참여하여 도와주는 활동
5) 남에게 봉사하는 사람이나 일을 도와주는 사람

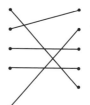

가) 동아리
나) 도우미
다) 파트타임
라) 자원봉사
마) 아르바이트

2. <보기>에서 알맞은 것을 골라 문장을 완성하십시오.

1) 행사장
2) 인기
3) 여가 생활
4) 편의점
5) 이색동아리

문법

문법1 -느라고

연습

1) 자느라고 수업에 늦었어요
2) 주말에 노느라고 밤을 새웠어요
3) 쇼핑을 하느라고 돈을 다 썼어요
4) 요즘 아르바이트를 하느라고 못 쉬었어요
5) 휴대폰을 보느라고 버스에서 못 내렸어요
6) 시험공부를 하느라고 시간 가는 줄 몰랐어요

문법2 -(으)려면

연습

1) 성적을 잘 받으려면 과제를 잘해야 해요

2) 과제를 하려면 자료부터 검색해야 돼요
3) 자료를 찾으려면 인터넷에서 찾으면 돼요
4) 인터넷 자료를 사용하려면 한 번 더 확인해야 해요

문법3 -아/어/해도 되다

연습

1) 교수님께 직접 제출해도 돼요
2) 내일 조별 모임을 해도 돼요
3) 혼자 해도 돼요
4) 발표한 자료의 사진을 찍어도 돼요

활동 1

1. ①
2. 1) 과목명을 쓰
   2) 교수님의 이름을 써요
   3) 전공을 쓰
   4) 학번을 써
   5) 제출일
   6) 본론
   7) 결론

확인학습

1. 알맞은 것을 고르십시오.

1) 조별 과제
2) 발표했다
3) 보고서
4) 설문 조사
5) 제출일

2. 알맞은 것을 골라 문장을 완성하십시오.

1) 참고 문헌을
2) 제출했다
3) 인용하려면
4) 출처를
5) 개인과제가

문법

문법 1 -(으)시-

연습

1) 닫으십니다
2) 등산을 하십니다
3) 친절하십니다
4) 좋으십니다
5) 의사 선생님이십니다
6) 할아버지십니다

문법 2 특수 높임 1

연습

1) 생신

2) 성함
3) 분
4) 편찮으셔서
5) 여쭤
6) 뵈러

문법 3 특수 높임 2

연습

1) 가지고 오세요
2) 데리고 오면 안되는 줄 몰랐습니다
3) 모시고 오세요
4) 모셔다 드릴게요

활동 1

1. 외국인 유학생 행사에서 유학생 대표 발표를 맡아서
2. 결석하는 수업에 제출해야 한다
3. ②

확인학습

1. 알맞은 것을 골라 연결하십시오.

1) 결석의 이유를 공식적으로 인정받은 서류
2) 학교 교육 일정에 대한 계획
3) 대학에서 사무를 돕는 사람
4) 학교에 노동력을 제공하고 받는 장학금
5) 상담을 해 주는 장소

가) 공인 결석계
나) 근로 장학금
다) 조교
라) 상담센터
마) 학사일정

2. 다음 <보기>에서 (   )에 알맞은 것을 골라 쓰십시오.

1) 조교
2) 출입국관리소
3) 국제교류원
4) 동아리방
5) 교직원

문법

문법1 -고 나서

연습

1) 수업이 끝나고 나서
2) 책을 빌리고 나서
3) 복사물을 찾고 나서
4) 동영상을 넣고 나서
5) 손을 씻고 나서
6) 커피를 주문하고 나서

문법2 -(으)ㄹ 줄 알다/모르다

연습

1) 키오스크를 사용할 줄 알아요
2) 전동 킥보드를 탈 줄 알아요
3) 과제를 업로드할 줄 알아요
4) 앱을 설치할 줄 몰라서

문법3 -아/어/해 주다

연습

1) 분리수거를 해 주세요
2) 잔디밭에서 나가 주세요
3) 신청서를 써 주세요
4) 세탁실을 이용해 주세요
5) 운동화를 신어 주세요
6) 종이를 가지고 와 주세요

활동 1

1) 학교 기숙사
2)

편리한 점	불편한 점
• 학생 식당과 편의점이 1층에 있어서 늦어도 간단하게 아침을 먹을 수 있다. • 강의실과 가까워서 지각하지 않을 수 있다. • 헬스장이 있어서 건강관리를 할 수 있다.	• 기숙사 방에서 음식을 먹을 수 없다. • 배달 음식을 기숙사 방으로 가지고 올 수 없다. • 통금 시간이 있어서 12시까지 들어가야 한다.

3) ③

확인학습

1. 알맞은 것을 골라 연결하십시오.

1)   책을 되돌려주는 것
2)   자리 티켓이 나오는 기계
3)   자동으로 빌릴 수 있는 것
4)   앉아서 책을 읽거나 공부하는 곳
5)   책을 대출하는 것

가) 좌석 발급기
나) 열람실
다) 자동 대출기
라) 책을 빌리다
마) 책을 반납하다

2. 다음 <보기>에서 (   )에 알맞은 것을 골라 쓰십시오.

1) 잔디밭
2) 외박할 때는
3) 입실, 퇴실
4) 분리수거
5) 통금 시간을 지키지 않으면

8과

문법

문법1   -기 전에 / -(으)ㄴ 후에

연습

1) 한국 드라마를 본 후에
2) 공부 목표를 세우기 전에
3) 언어교환에 참여하기 전에
4) 한국어로 문장을 만들기 전에
5) 노래 가사를 번역한 후에
6) 하루 일과를 정리한 후에

문법2   -고 있다

연습

1) 자료를 찾고 있어요
2) 소설책을 읽고 있어요

3) 잡지를 찾고 있어요
4) 동영상을 보고 있어요
5) 편지를 쓰고 있어요
6) 자료를 다운로드 받고 있어요

문법3   -다가

연습 1

1) SNS 메신저로 고향 친구와 연락을 하다가
2) 동영상 수업을 반복해서 보다가

연습 2

1) 처음에는 단어만 외우다가
2) 앞자리에 같이 앉다가

활동 1

1. • 한국 드라마나 영화를 보고 대사를 따라 했다.
   • 드라마 대사를 따라 말하면서 발음 연습을 했다.
2. • 앞에 앉아서 수업에 집중했다.
   • 수업 내용을 태블릿PC에 메모했다.
   • 쉬는 시간에 교수님께 질문했다.
   • 팀 활동에 잘 참여하였다.
   • 숙제를 반드시 제출했다.
3. ①

확인학습

2. <보기>에서 알맞은 것을 골라 쓰십시오.

1) 드라마 대사를 따라해요
2) 예습해요
3) 단어장에 정리해요

4) 언어교환에 참여하고 있어요
5) 복습해요

9과

문법

문법1   -(으)ㄴ/는/(으)ㄹ 것 같다

연습

1) 핸드폰 소리를 못 들은 것 같아요
2) 더 재미있는 것 같아요
3) 가족이 보고 싶을 것 같아요
4) 많이 실망한 것 같아요

문법2   -았/었/했으면 좋겠다

연습

1) 건강했으면 좋겠어요
2) 화해했으면 좋겠어요
3) 시험이 쉬웠으면 좋겠어요
4) 건강했으면 좋겠어요
5) 외식했으면 좋겠어요
6) 빨리 나으셨으면 좋겠어요

문법3   -아/어/해지다

연습

1) 속도가 느려졌어요
2) 선물이 많아질 거예요
3) 발이 편해졌어요
4) 날씨가 추워질 거예요
5) 많이 바빠질 거예요
6) 마음이 편해졌어요

활동 1

1. ㉠: 빨갛고 ㉡: 하얘졌습니다.
2. ③

확인학습

1. 알맞은 것을 골라 문장을 완성하십시오.

1) 기분
2) 부끄러움
3) 향수병
4) 우울증
5) 기대

2. <보기>에서 알맞은 것을 골라 쓰십시오.

1) 설레요
2) 경주 여행을 갔으면 좋겠어요
3) 짜증이 나요
4) 영상통화를 하고
5) 화가 나요

문법

문법1   -아/어/해서

연습 1

1) 학과 사무실에 가서
2) 카페에서 만나서
3) 오늘 개막해서

연습 2

1) 오늘 많이 걸어서
2) 한국어를 잘해서
3) 축제가 재미있어서

문법2   -겠-

연습

1) 토픽 4급을 받겠어요
2) 배가 고프겠어요
3) 시내가 복잡하겠어요
4) 관람객이 없겠어요
5) 신청자가 적겠어요
6) 문의 전화가 많이 오겠어요

문법3   -(으)려고 하다

연습

1) 불꽃놀이를 시작하려고 해요
2) 창문을 닫으려고 해요
3) 노래자랑에 나가려고 해요
4) 부산에서 놀려고 해요
5) 깨끗하게 청소하려고 해요
6) 프로그램을 만들려고 해요

활동 1

1. (1) X   (2) X   (3) O
2. ①

확인학습

1. 알맞은 것을 골라 연결하십시오.

1) 그날에 할 일, 스케줄
2) 행사 건물 안으로 들어가는 손님
3) 모임이나 단체 또는 일을 할 때 쓰는 돈
4) 목적이나 계획을 가지고 하는 일, 이벤트
5) 연극, 영화, 운동 경기 등을 구경하는 손님

가) 일정
나) 관람객
다) 입장객
라) 참가 비용
마) 행사

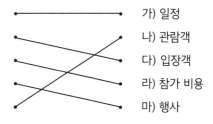

2. <보기>에서 알맞은 것을 골라 문장을 완성하십시오.

1) 폐막해요
2) 참여할 수 있어요
3) 개막할 거예요
4) 참석해요
5) 초대해서

11과

문법

문법1 -에 대해 발표하겠습니다

연습　빈칸을 채워 여러분의 '유학 생활 계획'에 대한 발표의 시작 부분을 써 보십시오.

◎ 안녕하세요, 저는 한국어문화학과
2△학번 데이브라고 합니다.
지금부터 저의 유학 생활 계획에 대해 발표
하겠습니다.

문법2 먼저, 다음으로, 마지막으로

연습　여러분이 유학 생활 중에 하고 싶은 일을 생각해 보고 아래의 빈칸에 써 보십시오.

유학 생활 중에 제가 하고 싶은 일들을 소개하겠습니다.
먼저 한국어로 쓴 책을 매주 한 권 씩 읽으려고 합니다.
다음으로 한국에서 아르바이트를 해 보고 싶습니다.
마지막으로 한국어로 일기를 한 권 써 보고 싶습니다.

문법3 이상으로 발표를 마치겠습니다

연습　유학 생활 계획'에 대한 발표의 마무리를 써 보십시오.

이상으로유학 생활 계획에 대한 발표를 마치겠습니다.
질문이 있으신 분은 편하게 말씀해 주십시오.
감사합니다.

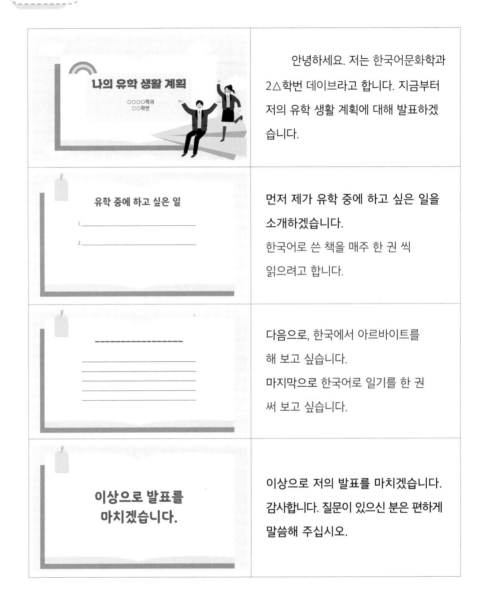

나의 유학 생활 계획 ○○○○학과 ○○학번	안녕하세요. 저는 한국어문화학과 2△학번 데이브라고 합니다. 지금부터 저의 유학 생활 계획에 대해 발표하겠습니다.
유학 중에 하고 싶은 일 1. _____ 2. _____	먼저 제가 유학 중에 하고 싶은 일을 소개하겠습니다. 한국어로 쓴 책을 매주 한 권 씩 읽으려고 합니다.
	다음으로, 한국에서 아르바이트를 해 보고 싶습니다. 마지막으로 한국어로 일기를 한 권 써 보고 싶습니다.
이상으로 발표를 마치겠습니다.	이상으로 저의 발표를 마치겠습니다. 감사합니다. 질문이 있으신 분은 편하게 말씀해 주십시오.

문법

문법1 -다가 보니까

연습

1) 반복해서 연습을 하다가 보니까
2) 관심을 가지다가 보니까
3) 살다가 보니까
4) 자주 발표를 하다가 보니까

문법2 -아/어/해야겠다

연습

1) 휴가 계획을 짜야겠어요
2) 확인해야겠어요

3) 걸어야겠어요
4) 연습해야겠어요

문법3 -도록 하다

연습

1) 긴장하지 않도록 하세요
2) 여쭤보도록 하세요
3) 문제를 풀도록 하세요
4) 지키도록 하세요
5) 예매하도록 하세요
6) 웃도록 하세요

활동 1

1. 중간시험 25%, 기말시험 25%, 수업 참여도 10%, 발표 10%, 과제 20%, 출석 10%
2. • 학생이 질문을 하거나 교수가 학생에게 질문한 후 대답하는 것
   • 토론에 열심히 참여하는 것
3. ①

확인학습

1. 알맞은 것을 골라 연결하십시오.

1) 성적을 보는 것
2) 교수님 수업을 평가하는 것
3) 학점을 관리하는 것
4) 통과나 미통과
5) 조퇴, 지각, 결석 등의 출석 상황

가) 강의 평가
나) 성적 열람
다) 학점 관리
라) 출결
마) P/NP

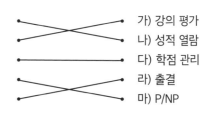

2. <보기>에서 알맞은 것을 골라 쓰십시오.

1) 시험 장소
2) 성적 조회
3) 과제

4) 상대 평가
5) 시험 범위

색인

유학생을 위한 대학 한국어 초급

초판발행	2024년 1월 31일
지은이	임진숙·한선경·민혜경·이훈석
펴낸이	안종만·안상준
편 집	소다인
기획/마케팅	박부하
표지디자인	BEN STORY
제 작	고철민·조영환
펴낸곳	㈜ **박영사**
	서울특별시 금천구 가산디지털2로 53, 210호(가산동, 한라시그마밸리)
	등록 1959.3.11. 제300-1959-1호(倫)
전 화	02)733-6771
f a x	02)736-4818
e-mail	pys@pybook.co.kr
homepage	www.pybook.co.kr
ISBN	979-11-303-1274-3 03710

정 가   21,000원